JN496565

원전 비용의 진실

원전은 결코 저렴하지 않다

오오시마 켄이치(大島堅一) 지음

박명섭 | 한낙현 | 허윤석 | 박지문 옮김

아카데미프레스

原発はやっぱり割に合わない
國民から見た本当のコスト

Copyright © 2013 by Kenichi Oshima
All rights reserved

Korean translation copyrights © 2015 by Academy Press Co.

이 책의 한국어판 저작권은 한낙현, 박명섭과 오오시마 켄이치(大島堅一)와의 계약으로
아카데미프레스에 있습니다. 저작권법에 의해 한국내에서 보호를 받는 저작물이므로
무단전재와 무단복제를 금합니다.

이 책은 2013년 정부(교육부)의 재원으로 한국연구재단의 지원을 받아 수행된 연구임(NRF-2013S1A3A2055150)

역자 서문

2011년 3월 11일 TV에 방영된 일본 후쿠시마의 대참사 장면은 정말 오랫동안 기억에 남았다. 도대체 어쩌다 이런 일이 발생했나? 이 인류의 대참사를 보고 나는 성대 대학원 무역학과에서 성금을 모아 4월 20일경 조난자들을 위한 소형 라디오를 100여 대 구입해 직접 도일해 관련 단체에 기증하기도 했다.

나는 4년 전부터 저탄소 녹색무역에 관한 중장기 연구과제의 책임자로 기후변화, 탄소배출권, 무역에서의 탄소저감 등의 문제에 대해 연구를 수행해 왔다. 그 과정에서 에너지원별 탄소배출에 대한 관심이 생겼고, 나아가 에너지원별 비용 문제에까지 이르러 2년 전에는 이 책의 저자 오오시마 켄이치(大島堅一) 교수가 출간한 일서("재생에너지의 정치경제학", 아카데미프레스, 2013)를 번역해 출간한 적이 있다.

당시 내용상 애매한 부분에 대해 논의하기 위해 작년 교토역 근처에서 오오시마 교수를 만났을 때, 이 책의 원저를 선물로 받았다. 읽으면서 1970년대 초 고교시절 부모님과 임랑에서 해수욕을 했던 시절이 떠올랐다. 1971년 임랑에 기공된 고리원자력발전소는 내가 처음으로 알게 된 원전이었다.

원전은 저탄소 녹색성장의 중심이며 비용이 저렴한 전원이라고 하는 주장이 많다. 그러나 나는 후쿠시마 원전사고를 TV와 언론을 통해 보면서 이 주장에 대해 의문시하게 되었다. 이 책을 읽고는 더욱 그런 생각을 하게 되었다. '원자력발전은 정말 저렴한 에너지원일까'라는 게 이 책의 초점이다. 원전의 비용을 어떻게 계산해야 될까. 이 책을 통해 보다 정확한 계산의 접근방식을 알게 될 것이다.

모두 6개의 장으로 구성되어 있는 이 책은 2012년에 발간된 오오시마 켄이치 선생의 일서를 완역한 것이다.

제1장에서 세계적인 사건이라 할 수 있는 후쿠시마 원전사고의 경위, 피해 및 원인을 다룬다.

제2장에서 재정적인 우대조치와 원자력 분야의 실권자 등을 살펴보면서 일본이 원전대국으로 발전해 나간 과정을 검토한다.

제3장에서 조작된 방식의 계산으로써는 원전의 실제 비용을 파악할 수 없으며 사회적 비용을 포함한 원전의 실제 비용을 고려해야 한다고 설명한다.

제4장에서 원전비용의 계산에 필요한 사고비용, 사고발생 확률 및 오염제거 비용 등을 밝힌다.

제5장에서 사용후 핵연료의 처리를 둘러싼 문제와 관련 비용을 분석한다.

마지막으로 제6장에서 원전이 꼭 필요한 것은 아니라는 주장을 하면서 에너지 민주주의를 주창하고 있다.

이 책의 요지는 원전의 비용이 다른 전원에 비해 높다는 것이다.

후쿠시마 원전 사태의 사고 비용은 엄청나며, 사용후 핵연료의 재처리 비용 또한 엄청나다. 게다가 입지대책 비용도 든다. 방사성 폐기물 처분시설 후보지의 선정은 정말 어려운 과업이다. 우리 정부도 2005년 3천억 원의 특별지원금과 공기업인 한국수력원자력의 본사 이전이라는 당근을 내밀며 4개 자치단체 중 주민투표에서 89.5%가 찬성한 경주시에 건설하기로 결정했다. 이러한 사회적 비용을 포함하지 않으면 원전의 비용은 싸다.

따라서 이제부터 원자력에서 재생에너지 중심의 에너지 정책으로 전환해야 한다는 것이다. 2012년 여름 일본 정부가 국민들에게 2030년의 원전비율에 대한 여론 조사를 다수 실시했는데, 과반수, 70~90%, 그리고 80% 이상이 원전 중단을 지지했다.

후쿠시마 원전 사태로 돈으로 환산할 수 없는 고통과 피해를 겪는 이들을 본 사람들로서는 그럴 수밖에 없을 것이다.

아시아에서 일본에 이어 23기의 상업용 원자로를 보유한 우리나라는 일본과 마찬가지로 에너지 자원이 부족하여 원전에 의존해 왔다. 우리 정부는 작년 말 에너지 기본계획을 새롭게 규정했다. 에너지원에서 원자력이 차지하는 비율을 현재 비율인 26%에서 2035년에는 29%까지 인상하는 방침을 내걸었다. 원전을 약 40기까지 늘리겠다는 증설노선을 유지하기로 했다.

한국 최초의 상업로인 고리원전 1호기가 가동한 것은 1978년이다. 방사성 폐기물 처분시설 선정은 1986년부터 본격화되었는데 후보지가 선정될 때마다 지역주민들이 강하게 반발했었다. 현재 원전 폐기물의 처분을 두고 곤란을 겪고 있다. 사용후 핵연료의 처리에 대해서는 이제 막 논의가 시작된 참이다. 후쿠시마 원전사고를 계기로 우리나라에서도 원전 관련 시설에 대한 불안감이 고조되어 구체화될 때까지 난항을 겪을 것으로 예상된다. 심지어 작년 5월에는 원자력에 들어가는 제어케이블 시험 성적 위조문제가 터졌다. 그 후 행해진 원자력안전위원회의 전수조사에 의하면, 부품에서 2,114건, 기기에서 62건의 성적에서 위조가 확인됐다. 망가진 우리나라 원자력 분야의 실상을 보여주고 있다.

한편 원자력발전이 지구환경 문제를 해결하기 위해 노력하고 있다는 홍보도 많이 있었다. 분명 이산화탄소는 발생하지 않는다. 그렇다고 해서 친환경적인지 어떤지는 별개의 문제이다. 일상적으로 방사능이 나오고 있고, 한 번 대사고가 발생하면 오염이 그 지역에 그치지 않고 국경을 넘어 확산되기 때문이다.

나를 아는 사람들 중에 혹자는 이 책을 보면서 무역을 전공하는 자가 별 걸 다한다고 생각할지도 모르겠다. 호기심이 많은 나는, 일어를 모르지만 나처럼 관심을 가지는 사람들과 정보를 공유하기 위해 20권 남짓한 다양한 분야의 번역서를 1985년 이래 출간해 왔다.

지금까지 200여 회 일본을 방문하면서, 그 때마다 서점에서 읽고 싶은 책을 구입해와 그중에서 번역 출간한 책이 20여 권을 넘게 되었다. 요즘 전문 일본 서적을 번역한 책은 많지 않은 편이다. 번역권 문제, 역자의 낮은 번역료 수입, 연구실적으로서의 불인정, 출판업계의 불황 등이 그 원인일 것이다. 주로 영어 사용국에서 박사 학위를 취득한 대학교수들은 일본의 전문서적을 접할 기회가 거의 없는 것으로 안다. 이 번역서를 통해 이 분야의 연구가 일본에서 어떻게 이루어지고 있으며, 어떤 연구 성과를 올리고 있는지를 접해 보길 바란다. 특히 환경 전공자와 에너지 전공자의 일독을 권한다.

마지막으로 이 책의 출간에 있어 여러 궂은 일을 도맡아 준 김민재 군과 아카데미프레스의 홍진기 사장을 비롯한 편집부 여러분께 심심한 감사를 표한다. 또한 이 책은 '2013년 정부(교육부)의 재원으로 한국연구재단의 지원을 받아 수행하고 있는 〈SKKU SSK 중형단계연구단(A Harmonization of FTA, Energy, Environment and Economy)〉 연구과제의 파생결과로서 출판된 것(NRF-2013S1A3A2055150)'임을 부기해 둔다.

2015년 4월 9일
성균관대학교 경영관 523호
역자를 대표하여 박명섭

일본어판 서문

日本においては、原発は経済的であるという宣伝が長らく続けられてきた。これは、日本においてまだ原発が全くなかった1958年の『原子力白書』においてすら書かれている。

これが事実でないことは、その後の日本の原発の発電コストをみれば明らかである。とりわけ、2011年3月11日に発生した東京電力福島第一原発事故により、原発に経済性がないことははっきりした。

しかしながら、日本では、原発の発電コストが安いという言説がいまだに流布されている。2014年4月11日に閣議決定された「エネルギー基本計画」においても、「運転コストが低廉」と書かれている。電力会社も原発が経済性に優れていると主張している。

では、原発は本当に経済性に優れているのだろうか。

実は、原発は、電力会社にとっては安くみえるかもしれないが、国民の視点からは全く「割に合わない」電源なのである。本書は、「割に合わない」電源である原発が、なぜ、割に合うようにみえるのか、その「からくり」を明らかにしている。

日本においては、原発は、この「からくり」なしには存続しえない電源になっている。おそらく、韓国においても、原発が安いかのようにみえる「からくり」があるに違いない。本書が、原発を支える「からくり」について考えるきっかけとなれば、著者としてこんなにうれしいことはない。

最後に、本書の翻訳をされた慶南大学韓洛鉉教授並びに成均館大学朴明燮教授に厚く感謝申し上げたい。このたび韓国語版出版の機会を得ることができたのは、両教授のご尽力のお陰である。

2014年 春 東京にて
大島堅一

한국어판 서문

일본에서는 오랫동안 원전이 경제적이라고 선전되어 왔다. 이는 일본에서 원전이 존재하지도 않았던 1958년의 '원자력백서'에까지 쓰여 있다.

이것이 사실이 아니라는 것은 그 후의 일본 원전의 발전비용을 보면 잘 알 수 있다. 특히 2011년 3월 11일에 발생한 도쿄전력 후쿠시마 제1원전사고로 인하여 원전에 경제성이 없다는 사실은 명백해졌다.

하지만 아직도 일본에서는 원전의 발전비용이 저렴하다는 주장들이 유포되고 있다. 2014년 4월 11일에 각의에서 결정된 '에너지 기본계획'에도 '운전비용이 저렴하다'고 나타나 있다. 전력회사들 또한 원전이 우수한 경제성을 지니고 있다고 주장한다.

그렇다면 정말 원전은 경제성이 우수한 것일까?

원전은 전력회사의 입장에서는 싸게 보일지 모르지만 사실 국민들의 시점에서 보았을 때에는 전혀 '수지가 맞지 않는' 전원이다. 이 책은 '수지가 맞지 않는' 전원인 원전을 수지가 맞는 것처럼 보이게 하는, 그 '메커니즘'을 명백히 밝히고 있다.

일본에서 원전은 이러한 '메커니즘' 없이는 존속될 수 없는 전원이다. 분명 한국에도 원전이 사람들의 눈에 저렴하게 비추어지도록 만드는 '메커니즘'이 틀림없이 존재한다. 이 책가 원전을 지지하는 '메커니즘'에 대해서 생각하는 계기가 된다면 저자로서 이 이상 기쁜 일은 없을 것이다.

마지막으로 이 책를 번역한 경남대학교 한낙현 교수와 성균관대학교 박명섭 교수에게 깊은 감사의 뜻을 전하고 싶다. 이번에 한국어판 출판의 기회를 얻을 수 있었던 것은 두 교수께서 힘써 주신 덕분이다.

2014년 봄 도쿄에서
오오시마 켄이치(大島堅一)

들어가기

내가 태어나고 자란 후쿠이현에는 15기의 원전(그 중 1기는 폐지 중)이 있다. 그 사실을 외국의 친구에게 이야기하자, 친구는 깜짝 놀랐다. 이렇게 원전이 집중되어 있는 곳은 세계적으로도 찾아보기 힘들기 때문이다.

후쿠이현에 있는 원전의 종류는 매우 다양하다. 통상의 경수로라는 이름의 원자로뿐만 아니라 고속증식로도 있다. 지금은 가동하고 있지 않지만 신형전환로라는 일본 고유의 원자로도 있다. 이 지역은 일본 원전의 백화점이라고 불려도 좋을 것이다.

이러한 토지에서 태어나 자란 나에게 원전은 친근한 존재였다. 친구의 친척은 원전관련 직업에 종사하고 있었고, 초등학교의 사회과 견학의 행선지가 원전의 홍보관이었던 적도 있었다. 원전의 홍보관은 어린이들이 쉽게 친근함을 느낄 수 있도록 구성되어 있었다. 그곳에서 원전의 위험성 등과 관련한 이야기는 한 번도 들은 적이 없었다. 그러한 환경이었기 때문에 원전에 대해 의문을 가지는 일은 전혀 없었다.

그 후 1986년 4월 구소련의 우크라이나에서 체르노빌 원전사고가 발생했다. 나는 당시 19세였다. 10대 후반부터 20대 초반은 인생에서 가장 민감한 시기라고 할 수 있다. 나는 이 사건으로 매우 커다란 충격을 받았다. 원전이 설마 폭발할 것이라고는 꿈에도 생각하지 못했기 때문이다. 절대적으로 안전하다고 믿고 있었기 때문에 어안이 벙벙해진 것이다.

거리가 멀기 때문에 일본에 미친 영향은 없었다. 그러나 처음부터 그렇게 말한 사람도 있었지만, 사고가 발생한 후 시간이 조금 지나자 일본에도 방사성 물질이 확산되었다. 현재까지도 현업에서 활약하고 있는 히로세 타카시(広瀬隆)는 「危険な話(위험한 이야기)」라는 책을 저술하여 커다란 사회적 반향을 일으키기도 했다.

내가 입학한 히토츠바시대학에 국립대학으로서는 처음으로 환경경제학 강좌가 개설되었다. 테라니시 순이치(寺西俊一) 교수의 지도하에 나는 환경경제학 연구를 시작했다.

석사논문의 주제를 결정하려고 할 때 테라니시 교수로부터 "학생은 자신의 일생의 주제로서 무엇을 생각하고 있는가"라는 질문을 받았다. 당시 나는 교수의 권유와 나의 성장 배경도 고려하여 에너지와 원전의 문제를 연구하고자 결심했다.

그 후 약 20년이 지나 지금에 이르기까지 원전을 어떻게 평가할 수 있는가, 어떻게 하면 문제를 해결할 수 있는가에 대해 고심하고 있다. 지금까지 사회과학적으로 원전을 연구하고 있는 사람이 매우 적었기에 고독한 작업이 되었다. 그 과정에서 나는 원전의 경제성을 추구하게 되었다. 경제성이 금전상의 이야기에 국한되는 것은 아니지만 금전상의 문제를 파악할 수 있다는 사실을 발견한 그 자체가 매우 중요한 것이다. 석사논문에서는 일본의 에너지 정책의 특징을 파악하고자 관련 재정지출에 대해 조사했다. 돈의 사용 출처를 보면 정책의 중점을 알 수 있기 때문이다. 그 결과 에너지 정책의 중심이 원자력 개발에 있다는 사실을 알게 되었다. 이것을 계기로 원전의 실제 비용은 도대체 얼마인지에 대해 의문을 가지게 되었다.

실제의 비용이라는 것은 국민이 부담하고 있는 비용을 말한다. 나의 지도 교수였던 테라니시 교수는 환경경제학자인 K.W. Kapp이 주장한 사회적 비용론의 제일인자이다. Kapp은 사기업의 활동이 활발해짐에 따라 사회 전체에 초래하는 비용(이것을 사회적 비용이라 한다)이 증대한다는 사실을 지적한 학자이다. Kapp의 논리를 바탕으로 전기요금에는 포함되지 않고 국민이 세금으로 부담하고 있는 부분을 포함한 원전의 사회적 비용을 알아보기로 결심했다.

박사과정 재학 중에는 원자력 자료 정보실의 타카기 진자부로(高木仁三郎)(고인)의 연구회에서 권유를 받았다. 이때 타카기 씨로부터 원전의 경제성을 종합적으로 해명해 달라는 의뢰를 받았다. 이는 당시에 시간적 여유가 있는 젊은 세대들 중 경제학적 관점에서 에너지와 환경문제를 연구하는 사람이 없었기 때문이라고 생각한다.

한편 1980년대부터 원전의 경제학적 연구의 제일선에서 활약하고 있던 무로타 타케시(室田武) 교수(현재 도시샤(同志社)대학 교수)의 책을 많이 접하게 되었다.

무로타 교수의 저서인 「電力自由化の経済学(전력자유화의 경제학)」에서는 원전의 실제 발전비용을 계산하고 있었다. 실적 기준으로 봤을 때 원전이 저렴하지 않다는 것은 이때 이미 논증되었다.

1990년대 초까지는 무로타 교수의 연구가 있었지만 그 이후에는 연구가 없었다. 그래서 스스로 연구해 보자고 결심하고 무로타 교수의 연구방식을 토대로 발전비용을 계산해 보았다. 시기는 2000년경으로 그 이후로도 연구를 발전시키고자 노력했다.

이들의 연구성과와 재생가능에너지 정책에 대한 연구를 정리하여 「재생가능에너지의 정치경제학-에너지 정책의 녹색개혁을 향해」라는 책을 2010년 3월에 간행했다.

그러나 이 책은 나의 석사논문과 박사논문을 일부 토대로 삼고 있었기 때문에, 처음부터 일반의 독자를 대상으로 한 것은 아니었다. 이 책의 목적 중 하나는 모든 계산방법과 데이터를 게재하는 것이었고, 그렇기 때문에 상당히 난해한 내용이 되었다. 후쿠시마 원전사고 전에는 이제 이러한 방법으로 계산하는 것이 진부하다고 생각했기 때문에, 추후 같은 방법으로 연구를 수행할 연구자에게 지침이 될 수 있도록 이 책을 저술한 것이었다. 출판 후 원전에 대한 연구는 일단락되었다고 생각했다.

「재생가능에너지의 정치경제학」의 발행일자는 2010년 3월 11일이었다. 그로부터 1년 후인 2011년 3월 11일에 후쿠시마 대지진이 발생하자 그 영향으로 후쿠시마 원전에서 대사고가 발생했다. 정부와 도쿄전력, 원자력안전·보안원의 대응이 지연되고 설명이 뒤엉키어 국민의 불안과 불신이 높아졌다. 점차 국민들의 시선은 지금까지 실시되어 온 원자력 정책 자체에 집중되었다.

원전 없는 사회를 향해

후쿠시마 원전사고 후 세계에서 가장 먼저 무(無)원전 사회를 향해 움직이기 시작한 것은 독일이었다. 독일에서는 원래 탈원전 방침을 내걸고 있었지만 2010년 메르켈정권하에서 탈원전 실시를 위한 스케줄이 대폭 연장되게 되었다.

그 때 후쿠시마 원전사고가 발생했다. 독일 국내에서는 연일 원전에 반대하는 대규모 시위가 일어났다. 이렇게 거센 국민 여론의 영향으로 인해 원전의 운전기간 연장은 철회되고 반대로 보수정권하에서 탈원전 계획이 가속화되었다. 독일에서는 언제 어느 원전을 폐로시킬지에 대한 계획이 법률적으로 명확하게 규정되었다.

독일이 탈원전의 현실화를 도모할 수 있는 근거는 오랫동안 대응해왔던 재생가능에너지의 보급이다. 2012년에는 이미 전기의 1/4이 재생가능에너지에 의해 공급되어 하나의 기간전원으로 성장했다. 더욱이

2050년에는 재생가능에너지의 비율을 80%까지 인상한다는 목표를 설정했다. 독일에서 내건 목표는 단순히 명목상의 수치가 아니다. 다양한 정책의 실시로 인해 원전에서 재생가능에너지로 사업의 중심이 이동하고 있음을 나타내고 있다.

이것에 비해 일본의 움직임은 어떨까. 원자력 정책의 문제가 잘 알려져 있지 않고 사고 후의 혼란도 있어 일본의 움직임은 독일만큼 신속하지 못했다. 그러나 사고 후 몇 개월이 지나자 각종 매체와 인터넷을 통해 지금까지 숨겨져 왔던 정보가 국민들에게 공개되었다. 수상 관저 앞에서 매주 금요일에 일어나는 항의는 국민의식이 고조되었음을 나타내고 있다.

2012년 여름부터 실시된 에너지·환경에 관한 국민적 논의 결과 대부분의 국민들은 원전이 없는 사회를 희망하고 있다는 사실을 알게 되었다. 에너지 정책을 근본적으로 개혁해 나갈 시대가 도래했다고 할 수 있을 것이다. 이러한 국민의 뜻을 실현할 필요가 있다.

후쿠시마 원전사고는 세계사적 대사건이다. 사고에 의해 부득이하게 피난을 한 사람들은 지금도 고향을 잃었다는 상실감에 괴로워하고 있다.

지금 내가 심히 우려하고 있는 점은 이와 같은 비참한 사고를 초래했음에도 불구하고 아무 일도 없었던 것처럼 지금까지와 마찬가지로 원전 개발 일변도의 체제가 지속되고 있다는 것이다. 특히 정책이 표면적으로는 개정된 것처럼 보여도 금전의 흐름이 변하지 않으면 지금까지와 마찬가지로 원전 개발 일변도로 계속될 것이다.

실제로 에너지 정책의 재고가 이루어지고 있는 반면 그에 반대하는 움직임 또한 두드러지게 나타나고 있다. 더욱이 원자력 개발을 지탱하는 행정과 재정의 구조는 사고 후에도 유지되고 있다. 국민의 대부분은 정신을 차렸지만 정부의 대응 자세를 봤을 때 아무런 개혁도 이루어지지 않고 수포로 돌아갈 가능성은 충분히 있다. 이 시점에서 아무런 변혁도 이루어지지 않는다면 사실상 일본의 에너지 정책, 원자력 정책은 영원히 변하지 않을 것이다.

원전이 없는 사회를 실현하려고 해도 그 과정은 순탄하지 않다. 검토해야 할 부분이 많이 있다.

새로운 에너지 정책을 목표로 종합자원에너지조사회 기본문제위원회가 설립되어 나도 그 위원으로 임명되었다. 새로운 에너지 정책을 입안함에 있어 과거의 원자력 정책을 회고하여 어디에 어떠한 문제가 있는지를 철저하게 논의했을 터인데 기본문제위원회에서는 이 과정이 무시되었다.

나는 후쿠시마 원전사고 이전부터 설사 사고가 발생하지 않았다고 해도 국민들의 입장에서 보았을 때 원전은 채산이 맞지 않는 전원이라고 판단하여 그와 같은 연구를 발표했다. 실제로 후쿠시마 원전사고라는 심각한 사고가 발생하자 원전이 채산이 맞지 않다는 사실은 더욱 명확해졌다.

그렇다면 원전을 이렇게까지 이용하게 된 이유는 무엇일까.

원전이용은 자연현상이 아니다. 오히려 국가와 전력회사가 적극적으로 관여하여 발생한 사회적 현상이라 할 수 있다.

사회에는 채산이 전혀 맞지 않은 것을 채산이 맞는 것처럼 보이게 만드는 계략이 잠재하고 있다. 우선은 이 계략을 간파할 필요가 있다. 그리고 그 계략을 없애야 한다. 그렇게 하지 않는 한 지금까지와 같은 방법으로 언제까지나 원전은 지속될 것이다.

나는 지금까지의 원자력 정책의 어디에 어떤 문제가 있었는지, 국민 한 사람 한 사람이 생각할 필요가 있다고 생각한다. 이 책의 목적은 바로 여기에 있다.

이 책의 구성

제1장에서는 후쿠시마 원전사고를 어떻게 보고 있는지를 설명한다. 제2장에서는 어떻게 일본이 원전 대국이 되었는지, 현저한 우대를 받고 있던 원자력 정책을 역사적으로 회고하면서 안전신화, 저가신화가 탄생하게 된 배경을 소개한다. 제3장은 원자력이 가장 저렴한 에너지라는 저가

신화에 대해 검토한다. 제4장에서는 원전의 사회적 비용에 대해 고찰한다. 제5장에서는 원자력의 숙명인 사용후 핵연료의 처분에 대해 설명한다. 마지막으로 제6장에서는 향후의 에너지 위상에 대해 고찰한다.

이 책은 내가 일반 시민을 위해 강연한 것을 재구성한 것이다. 조금 어려운 용어가 있지만 가능한 알기 쉽게 설명했고 엄밀한 논증은 모두 생략했다. 자세하게 이해하고자 하는 독자는 다른 원전 관련 서적을 읽기 바란다.

또한 이 책은 원전의 위험성과 기술적인 내용에 대해서는 거의 설명하지 않는다. 원전이 위험하다는 것은 이제 누가 봐도 자명한 사실이다. 이 책은 원전의 그 이외의 측면에 초점을 두고 있다.

다음 세대들에게 안전하고 풍부한, 보다 나은 사회를 물려주는, 그 기초를 완성할 수 있을지의 여부, 우리들은 그 역사의 기로에 서 있다. 이 책이 국가의 장래에 대해 생각할 때 하나의 재료로서 기능할 수 있다면 저자로서 이만큼 기쁜 일은 없을 것이다.

2012년 12월

오오시마 켄이치(大島堅一)

차례

제1장 세계사적 사건인 후쿠시마 원전사고 25

1. 세계 최대 규모의 원자력 재해 26
2. 사고의 간략한 경과 28
3. 미증유의 대사고 33
4. 도쿄전력과 정부의 실패 36
5. 광범위한 방사능 오염 41
6. 막대한 원전사고 피해 44
7. 사고는 예견되어 있었다 49
8. 원전사고의 원인 52

제2장 왜 일본은 원전대국이 되었는가 55

1. 고도 경제성장과 일본의 원전도입 56
2. 세계 제3위의 원전대국으로 59
3. 에너지 안전보장의 실태 61
4. 전원3법과 지역 우대조치 63
5. 원자력 우대예산의 실태 68
6. 원자력촌=원자력복합체 71
7. 정말 '친환경적'인가 75

제3장 원전이 가장 저렴한 전력이라는 사기극 83

1. 저렴하다고 인식되어 온 원자력 84
2. 원전의 발전비용이란 무엇인가 88
3. 실제 발전비용의 계산 92
4. 총괄원가방식의 조작 93
5. 발전비용의 계산 99
6. 전력회사에서 원전이란 103
7. 사회적 비용을 포함한 원전비용 104

제4장 원전비용의 진실 107

1. 원전의 사회적 비용 108
2. 현저해지는 사고비용 113
3. 사고발생확률을 어떻게 볼 것인가 116
4. 비용검증위원회의 사고비용의 한계 119
5. 제염비용 124
6. 사고는 수습되었나 130
7. 사고비용을 어떻게 볼 것인가 134

제5장 사용후 핵연료를 어떻게 처리할 것인가 137

1. 사용후 핵연료의 처분을 둘러싼 이슈 138
2. 고속증식로 개발의 의미 143
3. 핵무기의 원료가 되는 플루토늄 149
4. 추진 중인 재처리사업 153
5. 고가의 재처리, 플루토늄 이용 157
6. 재처리비용 여하 159
7. '10만 년 후의 안전'은 보장할 수 있는가 163

제6장 일본 에너지의 미래 169

1. '인간의 부흥'은 에너지 정책전환을 향한 첫걸음 170
2. 배상 방식으로 원전의 추세가 변한다 178
3. 재생가능에너지로 미래를 개척한다 181
4. 재생가능에너지를 도약시킨다 182
5. 전기사업 개혁으로 계획정전도 불필요해진다 187
6. 원전이 제로가 되면 경제는 어떻게 될 것인가 188
7. 우리 한 사람 한 사람이 할 수 있는 일 197
8. 원자력복합체의 해체는 필수 199
9. 에너지 민주주의를 되찾는 일 201

참고문헌 205

찾아보기 208

제1장

세계사적 사건인 후쿠시마 원전사고

1. 세계 최대 규모의 원자력 재해
2. 사고의 간략한 경과
3. 미증유의 대사고
4. 도쿄전력과 정부의 실패
5. 광범위한 방사능 오염
6. 막대한 원전사고 피해
7. 사고는 예견되어 있었다
8. 원전사고의 원인

1. 세계 최대 규모의 원자력 재해

우리들은 후쿠시마 원전사고를 목격했다. 이 사고는 세계 최대 규모의 원전사고 재해이다.

후쿠시마 원전사고를 초월하는 원전사고는 1986년 구소련의 우크라이나에서 발생한 체르노빌 원전사고 이외에는 존재하지 않는다. 체르노빌의 사고는 실험작업을 끝내고 원자로를 정지하려고 한 순간에 원자로 내에서 출력이 급격하게 상승하여 대폭발이 일어난 사고이다. 이 사고로 인해 원자로는 대파되었고 핵연료를 포함한 방사능물질이 대량으로 유출되었다. 오염범위는 수천 킬로미터에 이르렀고 전 세계에 방사성 물질이 강하되었다. 이 사고는 국제원자력사고평가지표에서 레벨 7이라는 최악의 사고 등급으로 분류되고 있다(표 1-1 참조).

또 다른 대형사고로는 1979년에 발생한 미국의 스리마일섬 원전사고를 들 수 있다. 레벨 5로 책정된 이 사고는 후쿠시마 원전사고와 비교하면 다소 가벼운 사고인 것처럼 보이지만 후쿠시마 원전사고 이전까지는 최대 규모의 사고에 해당되었다. 이 사고는 후쿠시마 사고와 마찬가지로 냉각수가 상실됨에 따라 핵연료가 녹기 시작한 노심용융(meltdown) 사고였다.

이와 같이 원전사고는 '체르노빌'형의 폭주사고와 '스리마일섬'형의 노

표 1-1 원자력시설 관련 사고 · 현상의 국제원자력사고평가지표(INES)

분류	레벨	주요한 현상	
사고	7	심각한 사고	구소련 체르노빌 원전사고(1986년)
			도쿄전력 후쿠시마 제1원전 사고(2011년)
	6	대형사고	구소련 우랄 핵참사(1957년)
	5	시설 외의 위험을 수반하는 사고	미국 스리마일섬 원전사고(1979년)
	4	시설 외의 커다란 위험을 수반하지 않는 사고	프랑스 산로랑 원전사고(1980년)
			토카이무라(東海村) JCO 임계사고(1999년)
이례적인 현상	3	중대한 이례적인 현상	구 동연(動燃) 토카이(東海)사업소 화재폭발(1997년)
	2	이례적인 현상	간사이(関西)전력 미하마(美浜)원전 2호기 증기발생기 전열관 손상(1991년)
	1	일탈	구 동연(動燃)몬주 나트륨 누출(1995년)
			간사이(関西)전력 미하마(美浜)원전 3호기 2차계 배관 파손(2004년)
—	0	척도 미만	

자료 : 경제산업성원자력안전·보안원자료를 참조하여 작성.

심용융 사고의 두 가지 형태로 구분되며, 후쿠시마 원전사고는 후자의 노심용융 사고로 볼 수 있다.

후쿠시마 원전사고가 다른 사고와 상이한 점은 사고를 초래한 원자로가 복수에 이르게 되었다는 점이다. 체르노빌이나 스리마일섬은 하나의 원자로에 국한된 사고였다. 그러나 후쿠시마는 3기의 원자로에서 사고가 발생했다. 1호기가 폭발하면 2호기, 2호기의 다음은 3호기의 형태로 사고가 잇따라 발생했다.

2. 사고의 간략한 경과

1) 원자로의 파괴

실제로 발생한 사고를 매우 간략히 회고해 보도록 하겠다.

3월 11일 14시 46분에 지진이 발생하고 해일이 엄습한 것은 그 45분 뒤이다. 일본 정부가 국제원자력기구(IAEA)[1]에 제출한 보고서와 도쿄전력의 보고서에 따르면 이 해일에 의해 대형사고가 발생한 것으로 되어 있다.

해일이 발생하기 전에 이미 원전이 지진에 의해 치명적인 손상을 입었다는 지적도 있다. 대표적인 것은 다나카 미히코(田中三彦)의 주장이다. 다나카는 후쿠시마 제1원전 4호기의 설계에 종사한 기술자이다. 다나카는 1호기에 대한 상세한 검증을 통해 원전이 지진으로 인해 붕괴된 것이라고 지적하고 있다[2].

그의 지적은 중요하다. 가령 그의 지적이 타당하다면 후쿠시마 제1원전 1호기는 지진에 의해 붕괴된 것이 된다. 그렇다면 이는 원전의 내진규정과 관련된 문제가 된다. 즉 지진에 의해 붕괴된 것이라면 그 외 다른 원전도 이 정도의 지진으로 붕괴된다고 할 수 있다. 이는 다른 모든 원전의 지진대책에도 커다란 영향을 미칠 가능성이 높은 것이다.

이하는 일본 정부의 공식적인 견해를 바탕으로 한 내용이다.

우선 지진에 의해 후쿠시마 제1원전에서는 외부전원이 상실되었다.

1. 국제원자력기구(International Atomic Energy Agency)는 원자력의 평화적인 이용을 추진하는 것을 목적으로 1957년에 설립된 국제기구이다. 핵물질의 군사적 전용(轉用)이 이루어지지 않도록 보장(保障)조치를 취하고 있다.
2. 石橋克彦編, 「原発を終わらせる」, 岩波新書, 2011.

원자로 속에는 핵연료가 들어 있다. 원자로 내부에서 발생하는 핵분열반응에 의해 대량으로 창출된 열이 물을 비등시킴으로써 증기를 발생시키고 그것으로 터빈을 돌려 발전하는 것이 원자력발전이다.

핵분열 연쇄반응이라는 것은 화학반응이 아니다. 원자를 구성하는 원자핵의 분열반응이 연쇄적으로 일어나는 상태를 핵분열 연쇄반응이라고 한다. 이때 커다란 에너지가 방출된다. 원전은 이 에너지를 이용하는 것이다.

원전을 정지하기 위해서는 핵분열 연쇄반응을 정지시켜야 한다. 이를 위해서는 제어봉을 노심에 삽입할 필요가 있다. 3월 11일 재해를 입은 모든 원전에서 이 작업이 순조롭게 진행되어 원전은 긴급 정지할 수 있었다.

그런데 그곳에서 문제가 발생했다.

핵연료는 원전이 정지한 후에도 대량의 열을 발생시킨다. 핵연료는 방사성 물질로 만들어져 있지만 방사성 물질은 방사선을 방출하면서 다른 물질로 변해 간다. 이를 붕괴라고 하는데 이 붕괴가 발생할 때 대량의 열이 창출된다. 이때 창출되는 열을 붕괴열이라고 부른다. 붕괴열의 발생은 인위적으로 막을 수 없다.

원시적인 방법이지만 해결책으로서 물로 냉각하는 방법을 들 수 있다. 따라서 원자로는 정지한 후에도 물을 계속해서 주입해야 한다. 냉각시키기 위해서는 펌프를 가동시킬 필요가 있고, 펌프를 가동시키기 위해서는 전기가 필요하다.

반대로 펌프를 가동시킬 전기가 없으면 물을 주입할 수 없다. 냉각할 수 없게 되면 열은 정체하게 된다. 전원이 상실되면 원전을 냉각할 수 없게 되는 것이다.

그만큼 전기는 중요하므로 절대로 정전되는 일이 없도록 다양한 구조를 띠고 있다. 우선 원전 외부에서의 전원(외부전원)을 들 수 있는데, 지진으로 원전과 외부를 연결하는 철탑이 붕괴되고 외부전원은 큰 손상을 입게 되었다. 그 결과 후쿠시마 제1원전은 지진에 의해 외부전원이 상실된 것이다. 이러한 사실만으로도 지진대비에 만전을 기하고 있지 않았다는 사실을 알 수 있다.

다음으로 비상용의 디젤발전기를 들 수 있다. 외부전원이 상실되면 이것이 가동하여 전기를 공급하도록 설계되어 있었다. 그러나 이마저도 해일로 인해 기기가 침수되어 1~4호기의 냉각에 사용할 수 없게 되었다(5·6호기에 대해서도 겨우 1기만 사용할 수 있었다).

마지막으로 비상용 충전기를 살펴보자. 디젤발전기도 가동되지 않는 경우를 대비하여 비상용 충전기가 준비되어 있었지만 이것 또한 바로 중지되고 말았다. 이 비상용 충전기는 일본의 규정상 30분간 지탱되도록 설계되어 있어 비상용 충전기가 정상으로 가동해도 외부전원과 비상용 디젤발전기에 의해 전력이 공급되지 않으면 결국 같은 결과가 되어 버리고 만다. 더욱이 후쿠시마 원전에는 비상용 전원차가 배치되어 있지 않았다.

결국 외부의 전원도 비상용 전원도 모두 상실되었다. 그래서 원자로에 물을 주입할 수 없었던 것이다. 그 결과 열이 점차 모이게 되고 물은 순식간에 증발하게 되어 몇 시간도 경과하지 않아 연료봉이 물에서 나왔다.

물이 점차 증발하면서 원자로의 격납용기 내 압력 또한 대폭 상승했다. 격납용기라는 것은 외부에 방사능이 나오지 못하도록 만들어진 튼튼한 솥과 같은 것이다. 압력이 높아져 압력용기가 버티지 못하면 중간에 있는 방사능이 대량으로 방출되게 된다.

남은 수단은 격납용기에 정체되어 있던 가스를 빼고 압력을 낮추는 것이다. 가스를 빼면 방사능이 방출되지만 격납용기가 버티지 못하는 것을 막기 위한 최후의 수단인 것이다. 중간의 가스를 빼는 것을 벤트(vent)라고 한다. 영어의 ventilation에서 따온 용어로, 공기의 순환이라는 의미이다.

정부는 3월 12일에 벤트를 지시했다. 그러나 벤트를 지시했다고 해도 바로 벤트 작업에 성공하는 것은 아니다. 수동으로 작업할 수밖에 없는 상태였지만 좀처럼 벤트 작업은 이루어지지 않았다. 정부도 왜 하지 않느냐며 서두르지 않으면 붕괴될 것이라고 거듭 재촉했다. 최초의 지시가 내려진 후 실제로 벤트를 개시한 것이 9시간 후였다.

벤트 작업과 같이 외부에서 소방차를 이용하여 물을 주입하기 시작했다. 처음에는 담수였지만 바로 밑바닥이 드러나서 해수를 주입했다. 이때에도 관의 크기가 맞지 않거나 어디부터 주입하면 되는지를 모르거나 소방차에 연료가 부족하다는 등 여러 문제가 발생하여 물의 주입 작업이 바로 개시되지 못했다. 더욱이 벤트가 잘 작동하지 않았기 때문에 원자로의 압력이 높아져 물이 좀처럼 주입되지 않았다.

물로 충분히 냉각되지 못해 연료봉은 점점 더 뜨거워졌다. 연료는 피복관이라 불리는 꼬투리 안에 들어 있는데 이는 질코늄 합금으로 되어 있다. 질코늄은 850도를 초과하면 물과 반응하여 수소를 발생시키는데, 당시에도 이 반응으로 인해 대량의 수소가 발생했다.

그것이 원자로 건물 내에 정체되어 폭발을 일으켰다. 수소폭발이다. 1호기에 이어 3호기, 더욱이 4호기에서 대규모의 수소폭발이 발생하여 건물이 날아가게 되었다. 계속적으로 폭발하는 모습은 텔레비전에도 방영되어 세계를 놀라게 했다.

물로 냉각되지 않았기 때문에 연료봉은 계속해서 가열되다가 마침내 2,800도를 초과하여 녹기 시작했다. 이것을 노심용융(爐心鎔融) 또는 멜트다운(meltdown)이라고 한다. 이로 인해 원자로의 압력용기가 붕괴되었다. 노심용융도 진행되어 연료가 격납용기에 떨어져 격납용기도 붕괴되었다. 도쿄전력은 추후에 주변 지역으로 방출된 방사능의 대부분은 격납용기의 붕괴에 의한 것이라고 발표했다.

벤트가 성공한 후 드디어 물을 주입할 수 있게 되었다. 더 빨리 물이 주입되었다면 수소폭발은 없었을 가능성도 있지만 결과적으로 잘 진행되지 않았다.

격납용기가 붕괴되었기 때문에 대량의 방사성 물질이 방출되고 말았다. 플루토늄이라는 물질은 맹독성의 물질로 잘 알려져 있다. 플루토늄은 무거운 물질이므로 외부에 방출되는 일은 없을 것이라는 견해도 있었지만 소량의 플루토늄이 원전의 근처에서 발견되었다. 본래 원자로에 들어 있는 방사성 물질은 절대로 외부에 방출되는 일이 없도록 하지만 이번 사고에서는 그것이 파열되어 버린 것이다.

핵연료의 붕괴열은 인위적으로 제거할 수 없기 때문에 지속적으로 냉각하기 위한 물을 주입해야 한다. 이 과정에서 주입된 물은 방사성 물질과 접촉하게 되고 결국 방사능 오염수가 되어 원자로에 고인 채로 남거나 바다로 유출되었다. 또한 일부는 고의로 바다에 흘려보내 러시아, 한국, 중국 등 주변 각국으로부터 거센 비판을 받았다.

2) 사용후 핵연료 저장조의 의의

이번 사고에서는 원자로 자체뿐만 아니라 사용후 핵연료 저장조의 영향도 심각했다. 일반인에게는 익숙하지만, 원전 중에는 사용후 핵연료를 저장해 놓는 풀이 있다. 풀에는 원자로 1기가 사용하는 양 이상의 사용후 핵연료가 보관되어 있다.

보관하고 있는 연료는 사용이 끝난 연료라고는 하지만 붕괴열을 방출한다. 냉각하지 않고 방출해 두면 풀의 물이 증발하여 사용후 핵연료가 되거나 붕괴하게 된다.

원전에서 모든 전원이 상실되었기 때문에 사용후 핵연료 저장조의 냉각도 할 수 없었다. 이로 인해 사용후 핵연료 저장조의 물도 증발하기 시작했다. 사용후 핵연료 저장조는 원자로와 달리 압력용기도, 격납용기도 없다. 풀에 물이 없으면 녹기 시작하여 방사능이 직접적으로 방출된다. 간신히 사용후 핵연료 저장조의 물이 전부 사라지기 전에 물을 주입할 수 있게 된 것이 불행 중 다행이었다. 이마저 잘 진행되지 않았다면 더욱 큰 사고가 일어났을 것이다.

3. 미증유의 대사고

이와 같이 세 개의 원자로와 네 개의 사용후 핵연료 저장조가 위험에 노출된 사태가 후쿠시마 원전사고이다[3]. 체르노빌 원전사고와 스리마일섬 원전사고도 대사고였지만 복수의 원자로와 사용후 핵연료 저장조가

3. 1~3호기와는 달리 4호기는 검사 중이며 원자로에 연료가 주입되어 있지 않았다. 또한 5, 6호기는 13기가 있었던 디젤발전기 중 겨우 남은 1기에 의해 냉각이 완성되었다.

동시다발적으로 심각한 사태에 빠진 것은 후쿠시마 사고가 세계 최초이다.

가령 하나의 원자로라고 해도 격납용기가 날아갔다면 어떻게 되었을까. 그렇게 되면 주위의 방사선이 너무나 강해져 사람이 근접할 수 없게 되어 인근 원자로의 냉각 작업도 진행하지 못했을 것이다. 또한 다른 원자로들과 사용후 핵연료도 같은 사태를 일으켰을 것이며 동일본 전역이 고농도에 오염되었을 가능성이 있었다고 해도 과언이 아닐 것이다.

단기간에 수습될 수 없다는 점도 후쿠시마 원전사고의 특징이다. 스리마일섬 원전사고의 경우 기본적으로 하루 만에 수습되었다. 체르노빌 원전사고는 비밀주의였던 구소련 당시의 사고였기 때문에 수습이 장기화되었을 가능성도 있었지만 2주 후에는 안정을 되찾기 시작하여 7개월 후에는 사고 원자로를 석관으로 완전히 덮었다.

후술하겠지만 이에 비해 후쿠시마 원전사고의 경우 수습이 공표된 것은 9개월 후이다. 게다가 실제로는 수습과는 상당히 거리가 먼 상황이다.

익숙해진다는 것은 참으로 무서운 일이다. 원전사고는 이제는 상당히 일상적인 것이 되어 가고 있다. 신문과 텔레비전에 나와도 '아아 또 사고가 났구나'라며 대수롭지 않게 말할 정도가 됐는지도 모른다. 그러나 후쿠시마 원전사고는 지금까지와는 차원이 전혀 다른 사고라고 보아도 좋을 것이다.

방사능의 방출량이 매우 많았던 것도 하나의 특징이다. 원자로는 운전기간 13개월마다 정기점검이 이루어지고 있다. 그리고 운전을 시작할 때는 점검으로 운전 정지까지의 연료가 모두 주입되고 있다. 더욱이 원전을 운전하고 있는 동안에는 우라늄이 여러 방사성 물질로 변하게 된다. 원전에는 여러 종류의 방사성 물질이 많이 혼입되어 있다. 이 방사성 물질이 외부에 방출되지 않도록 봉쇄할 필요가 있다.

후쿠시마 원전사고는 원자로 안에 있던 방사능이 불과 일부밖에 누출되지 않은 것이다. 그러나 원전 안에 들어 있는 방사능의 양이 너무나 많기 때문에 일부이더라도 누출된 양은 방대하다. 예컨대 장기적인 영향이 문제가 되고 있는 세슘137의 경우 히로시마 원자폭탄의 경우보다 168배나 더 많이 방출되었다. 원자폭탄과 원전사고는 종류가 다르기 때문에 일률적으로 비교할 수는 없지만 방출된 방사능의 양은 하나의 기준이 된다.

그러면 도대체 어느 정도의 양이 방출된 것일까. 정확하게는 아무도 알 수 없지만 도쿄전력의 발표에 의하면 대기 중에 방출된 방사능의 양은 90경 베크렐[4](요소131과 세슘137의 방출량)[5]이었다.

사고의 정도를 측정하는 기준으로 국제원자력사고평가지표(INES)가 있다. 이미 설명했듯이, 이 지표에는 심각함의 정도에 따라 0~7까지 8단계의 레벨이 있다. 레벨 7은 방사능의 양으로 말하면 5경 베크렐을 초과하는 사고이다. 후쿠시마 원전사고는 방사능의 양이 이 기준의 18배 이상이었기 때문에 레벨 7로 평가되었다. 후쿠시마 원전사고가 체르노빌 원전사고와 같은 레벨이 된 것이다.

후쿠시마 원전은 인구 밀집지에 있다. 일본은 외국과 비교하면 어디

---

4. 베크렐이란 방사능의 양을 나타내는 단위이다. 1초간에 하나의 방사선이 방출되면 1베크렐이라고 한다. 90경 베크렐이란 1초간에 90경 개의 방사선이 방출되는 방사능이다. 그리고 억의 1만 배가 조, 조의 1만 배가 경의 단위이다. 1경이란 1 다음에 0이 16개 붙은 숫자, 즉 10,000,000,000,000,000이다.
5. 도쿄전력, "후쿠시마 제1원자력발전소의 사고에 따른 대기에의 방출량 추정에 대해"(2012.5. 현재의 평가), 2012.5.24(http://www.tepco.co.jp/cc/press/betu12_j/images/120524j0101.pdf).

나 인구 밀집지가 된다. 후쿠시마를 250킬로미터 권역까지 포함시키면 수도권이 포함된다. 후쿠시마의 인구 3,000만 명의 생활권 근처에서 발생했다는 점도 커다란 특징이라 할 수 있다.

4. 도쿄전력과 정부의 실패

후쿠시마 원전사고 전의 원자력예방지침[6]은 완전히 허술한 것이었다. 특별한 방재대책을 실시하고 있는 구역을 긴급시 계획구역(EPZ)으로 했지만 이것은 8~10킬로미터권 내로 제한되어 있었다. 즉, 규모가 큰 후쿠시마 원전사고에서는 아무런 도움이 되지 않았다.

왜 이렇게 된 것일까.

그 이유는 예상할 수 있는 최악의 사고를 스리마일섬 원전사고로 보았기 때문이다. 더욱이 체르노빌 사고와 같은 대형 사고는 일본에서는 발생할 수 없다고 판단했다. 원자력안전위원회가 원자력방재지침을 작성했을 때 체르노빌 원전사고 정도의 사고를 예상했다면 방재대책은 어느 정도 해결되었을 것이다.

하지만 이번의 경우는 아무런 소용이 없었다. 계획대로 피해가 발생하는 지역의 권외에 위치하여 방재대책의 기지가 됐어야 할 오프사이트센터는 아무런 기능도 수행하지 않았다. 무엇을 위해 오프사이트센터를 정비한 것인지 알 수 없다. 또한 사고 직후에 긴급시 신속방사능 영향예측 네트워크 시스템(SPEEDI)이라는 컴퓨터 프로그램을 가동하여

---

6. 원자력안전위원회, "원자력시설의 방재대책에 대하여", 2010.

어디에 방사성 물질이 비래(飛來)하는지를 예측하는 대책도 있었다. 이는 다음의 원자력예방지침에도 명기되어 있었던 것이다.

SPEEDI 네트워크 시스템을 이용한 예측선량의 산정에 대해

긴급시에 적절한 방호대책을 실시하기 위해서는 예측선량(豫測線量)을 신속하게 파악할 필요가 있다. 긴급시 신속방사능 영향예측 네트워크 시스템(SPEEDI)은 지형의 영향을 고려하여 방출원정보, 기상정보 등을 바탕으로 방사성플룸의 이류확산(移流擴散) 상황을 계산하여 비활성기체 등으로부터의 외부피폭에 의한 실효선량, 요드의 흡입에 의한 갑상선 등가선량 등을 표시용 단말기의 화면상에 나타낼 수 있다.

이 시스템에서는 긴급사태가 발생한 사이트와 관련한 정보(방출핵종, 방출량 등), 각 지방공공단체의 연속모니터링 시스템의 기상관측정보, 기상청의 수치예보 격자점 데이터와 아메다스정보 등을 입력함에 따라 풍향, 풍속 등의 예측처리와 그를 토대로 방사성플룸의 이류확산 상황을 계산한다. 긴급시에는 문부과학성의 지시에 따라 계산결과 등의 표시를 하고 원자력피해대책본부 등의 관계기관에서 이들을 활용할 수 있다(원자력예방지침, 2010, 부속자료 10).

방사능을 측정할 수 없는 가운데 예측에 의해 피난한다는 견해 자체는 타당한 것이었다. SPEEDI를 작동시키기 위해서는 풍향과 방사능의 양 등에 대해 알아야 하지만 데이터를 입력하여 결과를 산출하는 데 15분 정도밖에 걸리지 않는다.

실제로 SPEEDI에 의한 계산은 이루어졌다. 그러나 SPEEDI의 계산결과는 전혀 도움이 되지 않았다. 계산결과가 지도와 함께 일부 공표된 것은 방사능의 대량방출이 끝나고 며칠이나 경과한 후였다. 좀 더 빨리 SPEEDI가 활용되었다면 주민들의 추가적인 피폭은 피할 수 있었을 것이다.

이와 같은 긴급사태시에 현장이 아수라장이 되는 일 없이 주민을 피난시킬 수 있는 것은 정부뿐이다. SPEEDI를 작동시켜 그 정보를 활용함으로써 방사선 피폭을 가능한 한 최소화시킬 필요가 있었을 것이다.

재해 직후에 정부와 도쿄전력도 대혼란 상태였던 것은 사실이다. 다만 지진에 의해 대참사가 발생할 것은 이전부터 지적되어 온 일이었다. 지진과 해일을 예상하여 원자로가 제어불능 상태가 될 수도 있음을 인식해 두었어야 했다.

사고 가능성은 이전부터 지적되어 왔다. 그러나 도쿄전력과 정부는 그 지적을 사실상 무시하고 있었다. 이것은 국민의 안전을 경시하고 있었다고 볼 수밖에 없는 태도이다. 실질적인 대책을 강구할 수 없었던 원인을 철저하게 검증하고 관계자에게 책임을 물어야 한다.

뿐만 아니라 원자력관련 전문가의 자세 또한 문제였다. 사고 후 텔레비전 등의 각종 보도기관에서 사고를 해설한 원자력의 전문가들 중에는 멜트다운 상태가 절대로 발생하지 않을 것이라고 해설한 전문가도 있었다. 또한 안전이 유지되고 있다고 해설한 사람도 있었다. 이들은 완전한 오도(誤導)를 하고 있었다.

NHK와 민영방송 각사는 사고 직후 원자력에 대해 비판적 견해를 가진 전문가를 뉴스 프로그램에 출연시키지 않았다. 방송에 등장한 전문가는 원자력행정에 관련되어 있는 사람들뿐이었다.

위험성을 지적하는 사람이 나타나면 함부로 선동하지 말라고 경고하는 풍조까지 보였다. 그러나 이와 같은 사고가 발생했는데도 위험성을 경시하는 것은 국민의 안전을 확보한다는 관점에서 보았을 때 타당하지 않다. 최악의 사태를 예상하고 이를 국민에게 충분히 인식시킨 후에 최선을 다하는 것이 원전사고대책의 기본이다.

처음에 정부가 발표한 사고평가는 레벨 4였다. 이는 분명한 과소평가였다. 이와 같은 기본적인 평가를 포함하여 원자력안전·보안원이 공표하는 내용들도 정확하지 않았다. 노심용융이 발생했을 것이라고 예측되는 단계에서도 노심용융의 가능성이 있다고 표현하는 등 사실을 완화하여 발표했다.

일본 정부가 2011년 6월에 IAEA에 제출한 보고서에는 핵연료가 사실은 단시간 중에 녹아 있었다고 기술되어 있다. 사고 직후에 사실관계를 어디까지 정부가 파악하고 있었는지, 지역주민에게 적절하게 정보가 제공되어 합당한 지시가 이루어졌는지 등의 사실은 지금부터 해명해 나갈 것이다.

사태의 심각성은 시간이 지남에 따라 점차 명백해져 갔다. 대량의 방사성 물질이 대기 중과 해양에 방출되어 그 방출량은 원전사고의 심각도로서는 최악의 수준인 레벨 7에 도달한 것, 또한 지진 직후에 핵연료가 녹아내려 압력용기의 밑바닥에 고이는 멜트다운이 발생해 매우 위험한 상황에 있었다는 사실은 나중에서야 국민들에게 알려졌다.

표 1-2 원자력 정책에 관한 주요한 관청, 심의회

<table>
<tr><th>명칭</th><th colspan="2">담당사항</th></tr>
<tr><td>문부과학성</td><td colspan="2">원자력의 연구개발을 담당(고속증식로 몬주의 개발은 그 일환)</td></tr>
<tr><td>원자력위원회</td><td colspan="2">원자력의 연구개발 · 이용에 관한 기본방침을 책정</td></tr>
<tr><td>경제산업성 자원에너지청</td><td colspan="2">구체적인 원자력발전 이용정책을 실시</td></tr>
<tr><td>종합자원에너지조사회 원자력부회(경제산업성의 심의회)</td><td colspan="2">구체적인 원자력발전 이용정책을 입안, 책정</td></tr>
<tr><td>원자력안전위원회</td><td>원자력의 안전규제에 관한 기본방침을 결정</td><td rowspan="2">→ 폐지
원자력규제위원회, 원자력규제청을 신설</td></tr>
<tr><td>경제산업성 원자력안전 · 보안원</td><td>원자력안전규제에 관한 구체적 업무를 담당</td></tr>
</table>

한편 후쿠시마 원전사고는 그 자체만으로 대단히 큰 사고였다. 그러나 최악 중에서도 최악의 사고는 아니었다. 최악 중에서도 최악의 사고란 무엇일까. 최악의 시나리오 중 하나로 생각할 수 있는 것은 원자력위원회[7] 위원장인 콘도순스케(近藤駿介)가 2011년 3월 25일에 정부에 제출한 보고서의 내용이다.

그것은 4호기의 사용후 핵연료 저장조가 붕괴되고 방사능이 방출되어 다른 사용후 핵연료 저장조가 연쇄적으로 붕괴되는 것이었다. 이 경우 강제이전될 지역이 원전에서 반경 170킬로미터에 이를 가능성이 있다고 지적하고 있다. 동시에 반경 250킬로미터에서 사람들이 희망할 경우에는 이전을 인정해야 한다고 설명하고 있다. 후쿠시마 제1원전에서 도쿄 도심의 황거까지 225킬로미터이므로 수도권까지 포함되게 된다.

정부 내부에서 지금까지 심각한 사고가 검토된 것을 우리들은 잊어서는 안 된다. 콘도의 보고는 아직 사고가 어떻게 될지 모르는 상황하에서 이루어진 것이므로 단순한 탁상공론이 아니다.

다행히 최악의 경우가 되지는 않았지만 이는 단순히 운이 좋아서 피할 수 있었던 것일 수 있다는 사실을 기억해야 한다.

설명한 바와 같이 정부와 도쿄전력의 대응은 너무나도 허술한 것이었다. 원래 더 빨리 사람을 피난시켜야 했을 것이다. 그럼에도 불구하고 도쿄전력과 정부는 멜트다운은 발생하지 않을 것이라고 지속적으로 주장했으며, 지금 돌이켜 보면 피난조치도 충분히 이루어지지 않았다. 정부와 도쿄전력은 사고대응에 실패했다고 말할 수 있다.

7. 원자력위원회란 원자력 정책의 기본방침을 작성하는 정부의 위원회이다. 1956년에 설치되었다. 또한 원자력에 관한 각종의 관청, 심의회의 역할분담은 〈표 1-2〉와 같다.

5. 광범위한 방사능 오염

후쿠시마 원전사고는 대기, 바다, 토양 모두를 광범위하게 오염시켰다. 2011년 3월 하순 도쿄의 방사선량이 높아졌다. 대기에 포함된 방사성 물질이 비와 함께 떨어져 토양과 바다가 모두 오염되었다. 2011년 3월에는 도쿄의 수돗물에 포함되어 있는 방사능의 농도가 유아의 섭취기준을 초과하고 있었다. 이는 수원이 오염된 것을 의미한다.

후쿠시마 원전사고로 인한 오염지역은 광범위하다. 고농도로 오염된 지역도 넓은데, 면적으로 말하면 비와호(琵琶湖)[8]의 약 1.2배에 이른다. 체르노빌의 원전사고 때의 강제이주구역에 필적할 정도로 오염되었다고 볼 수 있다.

〈그림 1-1〉은 문부과학성이 조사한 오염의 확산을 그림으로 나타낸 것이다(문부과학성의 홈페이지에서는 채색된 그림을 볼 수 있다)[9]. 오염은 동심원상으로 확대되는 것이 아니라 북서방향으로 고농도의 오염지역이 늘어나고, 그 후에도 농도가 높은 지역이 띄엄띄엄 나타난다. 이러한 오염지역은 hot spot이라고 불리고 있다.

이 그림에서 볼 수 있듯이, 1m²당 600~1000킬로베크렐이라고 기술되어 있는 오염이 심각한 지역은 체르노빌의 강제이주 사례에 필적할 정도로 오염되었다.

지면에 떨어진 방사성 물질이 향후 어떻게 이동할지에 대해 정확한 것은 아무도 모른다. 체르노빌 주변에서는 세슘이라는 방사성 물질이 토

---

8. 일본 시가현(滋賀県) 중앙부에 있는 일본 최대의 호수. 면적이 673.9km²에 이르며 시가현 전체면적의 6분의 1을 차지하는 거대한 호수이다.
9. 문부과학성의 홈페이지에서는 채색된 것을 볼 수 있다. 방사선양등분포지도확대사이트(http://ramap.jaea.go.jp/map/agreement.html).

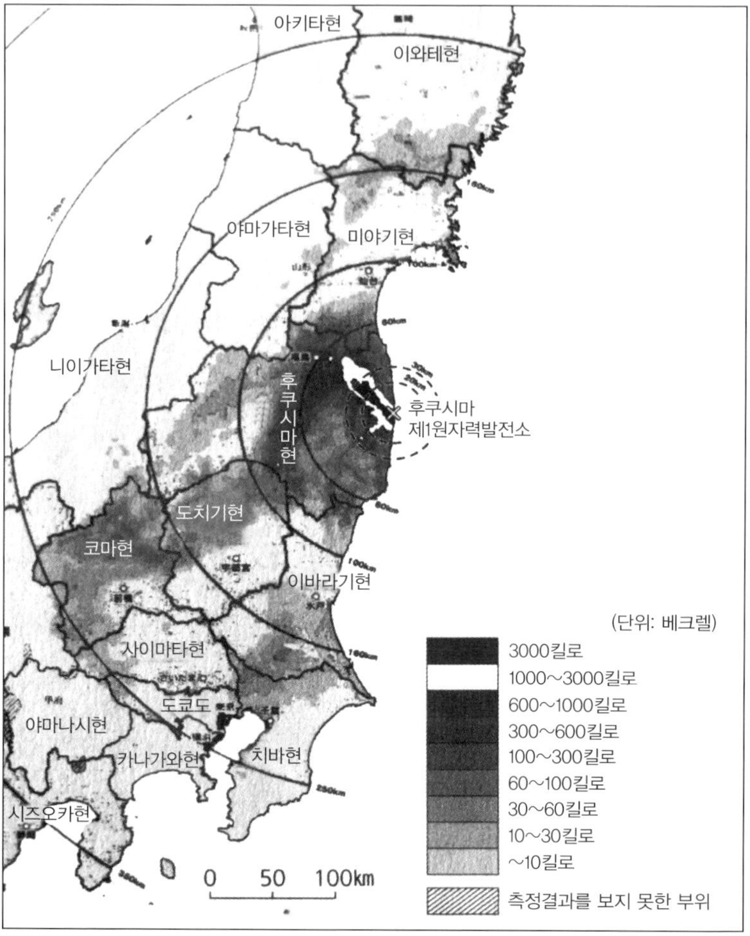

주 : 2011년 11월 5일 현재의 수치로 환산.

자료 : 문부과학성, 2011.12.16「문부과학성에 의한 제4차 항공기모니터링의 측정결과에 대해」.

그림 1-1 세슘134 · 137의 지표면 침착량의 합계

양의 표면에 계속 고여 있는 채로 거의 움직이지 않았다고 한다. 체르노빌 주변은 강우량이 적은 지역이기 때문일 수도 있다.

반면 일본은 다우 지역이다. 방사성 물질이 그대로 고일지, 흘러내려 어느 지역에 집중할지 또는 오염되어 그곳에 고일지 다양한 경우의 수가 존재한다.

세슘137의 반감기[10]는 약 30년인데 세슘134의 반감기는 2년이다. 세슘134에 의한 오염은 약 3년이면 반감되므로 그 영향으로 세슘 전체의 오염은 3년에 절반으로 감소할 것이라고 판단할 수 있다. 또한 인체에 악영향이 미치지 않게 될 때까지는 주거가 불가능하다.

어디가 어느 정도로 주거할 수 없는 것인지에 대해서는 정확하게 말할 수 없지만 오염이 심각한 원전 근처 지역은 상당히 장기간 동안 회복할 수 없을 가능성이 있다. 만약 실제로 회복할 수 없는 지역이 발생한 경우에는 정부가 그것을 정확하게 설명하고 책임을 지고 주민의 생활을 재건해야 한다.

수도권에서도 hot spot과 micro hot spot이라고 불리는, 방사선량이 높은 곳이 발견되고 있다. 앞으로 주민이 안심하고 생활할 수 있도록 방사능 오염의 실태를 조사하고 필요한 경우에는 적극적으로 제거해 나가야 할 것이다.

방사능을 아무런 근거 없이 두려워하는 것도, 아무런 근거 없이 안심하거나 대수롭지 않게 여기는 것도 후쿠시마 원전사고의 오염상황을 생각해 보면 잘못된 행동이다. 정확하게 측정하여 위험한 것이 발견되면 완전하게 오염을 제거해야 한다. 방사능 자체는 소멸하지 않지만 토지의 표면부분을 제거함에 따라 주거가 가능해질 곳들도 있다. 무엇보다도 사람의 생명과 건강을 지키는 것이 중요하다.

---

10. 방사선 물질의 양이 절반이 되기까지의 시간을 말한다. 예컨대 세슘137이라는 방사성 물질의 경우 30년 만에 절반이 된다. 또한 다음의 30년에서 절반의 절반, 즉 1/4이 된다. 반감기는 물질의 종류에 따라 다르게 된다. 요소131은 8일이지만 우라늄238은 44.68억 년이 된다.

6. 막대한 원전사고 피해

1) 원전작업원의 피폭

환경이 오염되면 심각한 인적 피해와 경제적 피해가 속출한다. 하지만 환경오염이 심각해도 대책을 충분히 강구하면 피해를 최소한으로 억제할 수 있다. 그러나 후쿠시마 원전사고의 경우 피해가 충분히 억제된 것이라고는 할 수 없다. 인적 피해로서 우선 열거할 수 있는 것이 원전작업원들이다. 지금까지 수천 명의 사람들이 작업을 했다. 환경문제는 제일 먼저 노동자들부터 피해를 입는 경우가 매우 많다. 후쿠시마 원전사고의 경우에도 원전작업원의 생명과 건강이 지켜져야 한다. 하지만 도쿄전력 원전작업원의 피폭상황에 대한 관리는 매우 허술하고 소홀히 이루어지고 있었다. 도쿄전력이 원전작업원의 피폭관리를 충분히 하고 있지 않다고 하여 사고 이후 후생노동성의 출입조사가 계속해서 진행되었다. 장기간 내부피폭의 상태를 전혀 측정하지 않은 상태에서 작업을 하게 한 경우도 있었다.

원래 원전에서 일하는 사람의 피폭한도는 후쿠시마 원전사고 이전에는 연간 100밀리시버트였다[11]. 그러나 사고 직후에 정부는 후쿠시마 원전사고 대응에 한정하여 상한을 연간 250밀리시버트까지 인상했다. 작업원을 확보하기 위한 대책이었는데 이는 위험한 문제이다. 게다가 그 완화된 기준조차 지켜지지 않은 경우도 있었다.

더욱이 후쿠시마 원전사고에서 작업한 작업원이 다른 원전으로 옮겨

11. 시버트는 인간의 피폭량을 나타내는 단위이다. 1밀리시버트는 1/1000시버트이다. 과량 피폭하면 사람은 죽거나 건강을 해하기도 한다. 예컨대 1마이크로시버트는 1시버트의 1/1,000,000이다. 4시버트 이상으로 피폭하면 50%, 7시버트 이상에서는 99%의 사람이 사망하게 된다.

작업한 경우 후쿠시마 제1원전에서 피폭된 양은 고려하지 않고 다시 0에서 계산하는 방식을 취하고 있었다. 즉 정부도 원전작업원의 피폭관리를 매우 허술하게 행하고 있었던 것이다. 걱정되는 점은 향후 건강피해가 발생할 수도 있다는 것이다. 후쿠시마 제1원전에서 작업하는 원전작업원의 피폭량은 지금까지의 경과를 보면 상당한 양이라고 할 수 있다. 장기간에 걸쳐 경과를 관찰할 필요가 있을 것이다.

2) 일반인의 건강피해

일반인에게도 건강피해가 미칠 가능성은 부정할 수 없다. 현 시점에서 내가 파악한 바에 의하면 급성 방사선 장애를 입은 사람은 없다. 하지만 방사선에 의한 건강피해가 직접적인 것만은 아니다. 몇 십 년 후에 건강피해가 발생하는 후발성장애가 나타날 수도 있다.

높은 선량의 방사선을 피폭할수록 건강피해가 나타날 가능성이 높아진다. 다만 100미리시버트 이하의 저선량 피폭의 경우 향후 건강피해가 발생할지에 대한 여부에 관해서는 의견이 분분하다. 하지만 몇 십 년 후에 암이나 백혈병이 발병할 가능성이 있는 것이다. 과학적 증명은 이루어지지 않고 있지만 그 외에 유전적 장애가 나타날 우려도 있다. 이와 같은 장애는 현 시점에서는 어느 정도 발생할지 불분명하지만 장기간 경과한 후에는 발생할 수도 있을 것이다.

환경오염에 의해 지금까지 여러 건강피해가 발생했다. 환경오염에 의한 건강피해는 가해자에 의해 초래된 것이므로 피해자에게는 잘못이 전혀 없다. 그럼에도 불구하고 피해 구제가 충분히 이루어지지 않은 역사적 선례들이 있다. 나는 이와 같은 일이 후쿠시마 원전사고의 경우에도 발생할 수 있다는 점을 우려하고 있다.

실례를 들어 보자. 1950년대에 발생한 미나마타(水俣)병의 원인은 칫소(チッソ)라는 기업이 배출한 유기수은이다. 이것이 환경 중에 농축됨에 따라 유기수은을 다량 포함한 어패류를 먹은 사람에게 특유의 신경계 질환이 발생했다. 손과 발의 떨림, 경련, 시야협착 등이 미나마타병의 증상이다. 이와 같은 전형적인 공해병의 특징은 일반적인 병에서는 나타나지 않는 증상이 나온다는 것이다. 특유의 증상을 가진 병을 특이성 질환이라 부른다. 공해병의 경우는 일단 그 외에 이와 같은 증상을 초래하는 질병이 없기 때문에 일반의 질병과 구별할 수 있다.

그러나 이와 같은 공해병이더라도 국가가 공해병이라고 인정하지 않은 경우가 많았다. 그 결과 몇 십 년 동안 구제되지 못했고 환자들은 매우 큰 곤경에 빠졌다. 실제로 건강피해로 인해 여러 어려움이 발생했음에도 불구하고 손해배상과 구제를 받을 수 없었다.

이번의 후쿠시마 원전사고의 방사선 피폭으로 인해 발생한 건강피해는 암과 백혈병 등의 질병이다. 이들 질병은 전혀 피폭되지 않은 사람이더라도 걸릴 가능성이 있다. 매년 이와 같은 증상으로 사망하는 사람도 많다. 따라서 증상만 보아서는 피폭에 의한 것인지, 그렇지 않은 것인지 구별할 수 없다. 예컨대 오염된 지역에 살고 있던 사람이 몇 십 년 후에 암 판정을 받았다고 해도 그 사람이 피폭되었기 때문에 암이 발생한 것인지, 다른 이유로 암이 발생한 것인지는 알 수 없다.

후쿠시마 원전사고로 인해 암에 의한 치사율이 다소 높아질 가능성이 있다고 말하지만 수치로는 극히 근소하여 전체 비율로 따지면 무시할 수 있을 정도로 작다는 견해도 있다. 그러나 이것도 사람의 수로 보면 무시할 수 없는 수치이다. 피해는 비율이 아니라 사람의 수로 보아야 한다.

암은 누구에게나 발생할 가능성이 있는 질병이므로 방사능에 의한 것인지 아닌지에 대한 여부는 식별하기 곤란하며, 피해가 확인되는 경우도 있겠지만 실제로는 알 수 없기 때문에 손해배상도 받지 못한 채 사망할 가능성이 있다.

그러한 의미에서 지금까지의 공해문제와 손해배상의 위상과는 다른 본격적인 대응을 취해야 한다. 특히 고농도로 오염된 지역에 살고 있는 사람, 또는 살았던 적이 있는 사람은 원자폭탄의 피폭자가 가지고 있는 피폭자 건강수첩과 같은 것을 만들어 배포하고 주의 깊게 관찰해야 한다.

그리고 잊어서는 안 되는 것이 있다. 피해자의 대부분은 해일에 의해서도 커다란 손해를 입어 생존한 사람들도 소중한 사람을 잃거나 집과 직장을 잃고 수입도 상실했다. 그에 더하여 원전으로 인한 방사능 오염이 발생했다. 즉, 이번 사고는 천재와 인재가 복합적으로 중첩된 다중 피해라는 사실이다. 이는 피해 보상을 고려하는 데 있어 매우 중요한 사실이다.

3) 광범위한 경제적 피해

또 하나의 피해는 경제적 피해이다. 먼저 오염에 의한 실제적 피해를 들 수 있다. 토지가 오염되어 사실상 황폐화된 곳도 있다.

그리고 사고와 관련한 유언비어 등으로 인한 피해도 있다. 여기서 주의해야 할 것은 피해의 전부를 유언비어로 일축해서는 안 된다는 것이다. 유언비어로 인한 피해란 아무런 근거 없이 물건이 팔리지 않게 되는 등의 피해를 일컫는 말이지만 이번과 같은 경우에는 방사능 오염이라는 현실이 엄연히 존재하고 있다. 또한 원전사고와 관련하여 국가의 원자력 정책에 대한 불신이 확대되었다. 그러한 배경이 있었기 때문에 국민들은 식품의 검사체제와 기존에 설정되어 있던 기준 자체에 불안을 느꼈다.

과거 일본에서 식품에 방사능 오염이 확대된 적은 없었다. 그런데 오염된 볏짚을 먹은 소가 오염되어 그 소고기가 출하되는 문제가 현실로 발생했으며, 이후 기준치를 초과하는 소고기의 출하에 대한 국민들의 불안감이 고조되었다.

산업에도 영향을 미치고 있다. 농업과 축산업 등에서는 출하가 불가능해지거나 판매되지 않아 막대한 피해가 발생했다. 또한 수산업 분야에서도 어패류의 방사능 오염이 초기단계에서 발견되어 커다란 타격을 받았다.

관광산업도 그 영향을 벗어나지 못했다. 방사능 오염이 발생한 이후 그 지역을 찾는 관광객의 수는 확연히 줄어들었다. 그러나 그것은 후쿠시마현에만 그치지 않았다. 사고 직후 일본에 오는 외국인 관광객이 격감하여 호텔예약이 잇따라 취소되었다. 나의 고향인 후쿠이현에서도 사고 후 관광객이 격감했다는 보도가 있었다. 원전사고가 발생하지 않았다면 원전 주변의 지역이라도 관광에 별다른 문제가 없었을 것이다. 그러나 원전과 가까이 하고 싶지 않다는 심리적 작용으로 인해 이와 같은 사태가 속출했다.

직접적인 피해만으로도 막대한데, 이러한 간접적인 피해까지 포함하면 이번 사고로 인해 심각한 피해가 초래됐다는 사실을 알 수 있다. 표로 나타낼 수 없는 부분을 포함하면 이 피해액은 몇 조 엔, 몇 십조 엔이 될 것이라는 예측도 있다. 이 손해배상에 대해서는 제6장에서 다시 설명하기로 한다.

7. 사고는 예견되어 있었다

그렇다면 정말로 이 사고는 방지할 수 없었던 것일까. 지진은 자연재해의 하나이며 지진을 발생하지 않게 할 수는 없다. 그러나 자연재해가 발생했다고 하여 이것이 사회적인 재해로까지 확대될지에 대한 여부, 피해가 확대될지는 대책에 따라 달라진다. 즉, 도쿄전력이 사전에 최선의 대책을 강구했는지가 중요한 논점이다.

지진과 해일로 인해 야기될 수 있는 최악의 경우를 상정하여 그 최악의 경우에 대해 할 수 있는 모든 수단이 단행된 것일까. 사전대책을 전부 실시하고 최선의 대책도 강구하고 사고 발생 후에도 신속하게 움직였다고 할 수 있을까. 그럼에도 불구하고, 아무리 노력해도 방지할 수 없었던 사고와 피해였던 것일까.

반대로 외부에서 발생할 가능성을 지적했음에도 불구하고, 그러한 가능성은 없었다든지, 대책을 제대로 강구하지 않았으면서 만전을 기했다는 등 억지 주장을 펼친 것은 아니었나. 더욱이 사고 후의 대응 또한 늦었던 것은 아닌가. 이는 이번 사고피해의 가해자인 도쿄전력과 관계자가 스스로 책임을 어떻게 질 것인지와 관련된 문제라 본다.

도쿄전력은 사고의 원인은 상상외의 대규모 해일에 기인한 것이라 일관하고 있다. 법률에 따라 대책을 강구했지만 인간의 상식을 초월하는 상상외의 사태가 발생했다는 것이 주장의 요점이다. 도쿄전력은 2012

년 6월 20일에 자사에서 실시한 조사를 바탕으로 사고 조사보고를 정리했다[12]. 여기에는 해일이 상상을 초월하는 규모였으며 정부에서도 지시가 없었다는 취지의 문장이 기술되어 있다.

도쿄전력의 카츠마타 츠네히사(勝俣恒久) 회장은 2012년 6월에 퇴임했지만 퇴임 직전 산케이(産経) 비즈니스와의 인터뷰에서 결과론적일 수도 있지만 저 정도의 해일이 올 것이라고 생각하지 못했고 예상도 하지 못한 것이다[13]라고 언급했다.

이와 같은 도쿄전력의 태도는 매우 불성실하며 책임의식이 없는 것이다. 예상외였다, 지시도 없었다는 등의 자기변호는 스스로를 방관자의 입장에 세우는 것과 같다. 문제시해야 할 것은 왜 예상외의 사태가 일어난 것인지가 아닌 스스로 자주적인 대책을 취하지 않은 이유가 무엇인지가 아니었을까. 그렇지 않으면 앞으로도 사고를 예방할 수 없게 될 것이다.

실제로 이번 사고는 사전에 예견되어 있었다. 여러 전문가가 지적하고 있지만 그 중에서 일반적으로도 유명한 것이 지진학자인 이시바시 카즈히코(石橋和彦)(코베대학 명예교수)가 1997년에 지적한 다음의 내용이다.

"원전에 있어 대지진이 무서운 이유는 강렬한 지진에 의한 개별적인 손상도 있지만 통상적인 사고와 달리 무수한 기능들이 고장을 일으킬 가능성이 동시다발적으로 일어난다는 점일 것이다. 특히 어느 특정의 사고와 그 백업기능 사고의 동시발생, 예컨대 외부전원이 정지하여 디젤발동기가 가동하지 않고 충전기도 기능하지 않는 사태가 발생할 수

---

12. 도쿄전력, "후쿠시마 원자력사고 조사보고서", 2012.6.20(http://www.tepco.co.jp/cc/press/2012/1205628_1834.html).
13. SankeiBiz, "도쿄전력·카츠마타츠네히사 회장 인터뷰", 2012.6.26(http://www.sankeibiz.jp/compliance/news/120626/cpd1206260207002-n1.htm).

있다"[14].

이시바시 교수가 설명한 내용은 후쿠시마 원전에서 실제로 발생했다. 우선 지진으로 외부전원이 정지되었다. 그후 해일로 디젤발전기도 손상되고 충전기도 무용지물이 되었다. 당시 원전은 다중으로 보호되고 있으므로 어떤 일이 있어도 사고가 발생하지 않는다는 주장이 지배적이었다. 그러나 이시바시 교수는 지진이 발생할 경우 몇 가지의 보호책이 한 번에 상실될 가능성이 있음을 사전에 경고한 것이다.

지진에 대한 원전의 취약성과 해일대책의 미비함에 대하여 일찍이 경고가 있었고, 국회에서도 동일한 부분이 지적되어 하마오카(浜岡) 원전 중지 재판에서도 문제시된 바 있다. 이번 지진에서 다른 전력회사는 어떻게 되었을까. 후쿠시마(福島)현 인근의 이바라키(茨城)현에도 일본 원자력발전의 토카이(東海) 제2원전이 있다. 여기서는 2007년에 이바라키현에 의해 만들어진 '해일침수상정(津波浸水想定)'에 맞추어 자주적으로 새로운 해일대책공사를 했다. 공사는 재해 이틀 전에 완성되었으며, 이 공사를 완공한 것이 후쿠시마 원전사고와 같은 대규모 사고를 가까스로 피해갈 수 있었던 요인이 되었다.

이와는 대조적으로 도쿄전력에서는 2008년에 15.7미터의 해일이 엄습하는 시산을 내부에서 시뮬레이션했음에도 불구하고 그 결과를 정부에 보고한 것은 재해 직전인 3월 7일이었다. 사고의 가능성을 스스로 알고 있었음에도 불구하고 '계산 밖'에 두고 있었다고 볼 수 있다. 왜 이와 같은 일이 벌어진 것인지, 본질적으로 반성하지 않으면 또 다른 '계산 밖'의 사태를 초래하게 될 것이다.

---

14. 石橋克彦編,"原発震災－破滅を避けるために",「科学」, 1997. 10(http://www.iwanami.co.jp/kagaku/K_Ishibashi_Kagaku199710.pdf).

8. 원전사고의 원인

연구자가 기술한 논문과 과거 수차례 제기되어 왔던 소송 등은 이번과 같은 사태가 발생할 가능성이 있다고 경고하고 있었다. 그러나 유감스럽게도 원전은 안전하다, 사고가 발생할 리가 없다고 주장하며 정부와 도쿄전력은 안전대책을 게을리해 왔다. 일본에서는 유사이래 후쿠시마 원전사고와 같은 대형 사고가 발생한 적이 없었다. 분명 일본의 원전에서는 중소규모의 사고가 많이 발생했었다. 지금까지는 방사능이 근소하게 누출된 것만으로도 대형 사고로 취급하고 있었던 것이다.

그러나 후쿠시마 원전사고에서는 완전히 차원이 다른 사태가 발생한 것이다. 폭발이 일어나고 물을 주입해도 몇 만 톤의 오염수가 누출되고, 오염된 수증기도 누출되는 등 일어나서는 안 될 일이 잇따라 발생했다. 우리들도 2011년 3월 이후 어느새 이례적인 사태에 익숙해지고 있다. 사람의 적응력이란 놀라운 것이다.

세계사적으로 보아도 체르노빌 원전사고를 제외하고 이러한 사태가 발생한 적은 없다. 앞으로 두 번 다시 이와 같은 사고를 일으켜서는 안 된다. 또다시 후쿠시마 원전사고와 같은 사태가 발생하면 일본은 괴멸할 것이다.

방사능 오염에 의한 막대한 피해는 국가 차원에서도 지탱하기가 어렵다. 나아가 이러한 사태가 또다시 발생하게 된다면 일본은 세계의 신뢰를 잃게 될 것이다. 그야말로 일본이라는 국가의 붕괴이다.

일본 사회는 이 사고를 계기로 크게 변화해야 한다. 우리들은 그 중심에 있기 때문에 그다지 실감하지 못할 수도 있겠지만, 나는 우리들이 역사의 전환점에 있다고 확신한다. 왜 이와 같은 사고가 발생하게 된 것일까. 사고 당시의 자세한 인과관계는 지금부터 명확히 밝혀지겠지만, 원점으로 돌아가 일본 원자력 정책의 내용과 진행방법에 본질적인 문제가 있음을 인식하고 이를 살펴봐야 할 것이다. 다음 장에서는 일본의 원자력 정책에 대해 상세히 설명한다.

제2장

왜 일본은 원전대국이 되었는가

1. 고도 경제성장과 일본의 원전도입
2. 세계 제3위의 원전대국으로
3. 에너지 안전보장의 실태
4. 전원3법과 지역 우대조치
5. 원자력 우대예산의 실태
6. 원자력촌=원자력복합체
7. 정말 '친환경적'인가

1. 고도 경제성장과 일본의 원전도입

에너지 소비와 경제성장은 밀접한 관계에 있다. 에너지는 경제활동에 필수적인 요소이다. 증기기관의 발명으로 산업혁명이 일어난 사실에서 알 수 있듯이 에너지의 대량생산으로 경제활동의 대규모화가 가능해졌다.

제2차 세계대전 후 선진공업국을 중심으로 경제성장이 급속하게 진전되었는데, 이는 동시에 에너지 소비의 증대를 수반했다. 일본에서도 석탄에서 석유로 에너지의 주역이 교체되는 가운데 에너지 공급이 폭발적으로 증대하여 미국형 생활양식이라 불리는 대량생산, 대량소비, 대량폐기의 경제형태가 자리 잡게 되었다.

1950년대부터 1960년대에 에너지 소비가 경제성장보다도 빠르게 증대했다. 하지만 당시는 저렴한 에너지가 대량으로 공급되었기 때문에 오늘날과 같은 에너지 정책은 존재하지 않았다.

그러나 1970년대 석유파동이 발생하자 에너지를 저렴하게 대량으로 소비하는 것을 암묵의 전제로서 운영해 왔던 선진국의 경제는 커다란 타격을 입게 된다. 석유파동이란 1973년과 1978년에 석유가격이 급등하여 세계경제에 커다란 영향을 미친 사건이다. 특히 일본에서는 석유파동에 대응하기 위한 수단으로서 석유 대체에너지의 개발이 긴급과제가 되었었다.

최근에는 '석유 대체에너지'라는 말을 들을 수 없게 되었지만, 이 말은 주요 에너지원인 석유를 대신하는 에너지라는 의미이다. 일본에서 에너지 정책의 틀이 만들어진 것도 이 시기이다. 그로 인해 에너지 절약정책과 석유 대체정책이 탄생했다.

석유 대체에너지의 주력으로서 자리매김하게 된 것은 원자력이었다. 원자력은 애초에 군사용 목적으로 이용이 시작되었다. 원자력의 상업이용을 세계적으로 개시하게 된 것은 1953년 12월 8일에 미국의 아이젠하워 대통령이 유엔총회에서 행한 연설인 '평화를 위한 원자력' 이후이다.

이미 소련과 영국이 핵보유국이었고, 미국과 소련의 냉전 구조가 두드러지고 있는 가운데 미국으로서는 핵무기를 더 이상 확산시키지 말고 관계국을 핵우산으로 해 나갈 필요가 있었다. 그때 상업이용의 분야에서 타국의 원자력 정책에 관여하는 것이 하나의 전술이 되었다.

일본에서 이 흐름을 주시한 사람은 추후에 수상이 된 나카소네 야스히로(中曾根康弘)였다. 나카소네는 과학자들의 의견을 거치지 않고 1954년 최초의 원자력 예산을 확보했다. 금액은 2억 3,500만 엔이었는데, 이는 핵연료가 되는 우라늄235에서 착안한 것이라 한다. 나카소네를 비롯한 당시의 보수정치가들은 상업이용의 연장선상에서 핵무기의 보유도 생각하고 있었다. 물론 미국은 이를 허용하지 않았고, 우라늄 농축 등 핵무기 개발에 필수적인 공정을 일본에서 수행할 수 없도록 조처했다.

1955년 일본에서도 원자력기본법 3법(원자력기본법, 원자력위원회설치법, 총리부설치법일부개정=원자력국의 설치)이 제정되었으며, 1956년에는 원자력

표 2-1 일본의 원자력발전의 경과

1954	최초 원자력 시산안 중의원 통과
1955	원자력기본법 성립
1956	원자력위원회 발족
1967	동력로 · 핵연료사업단(동연) 발족
1971	도쿄전력 후쿠시마 제1원전 운영 운전 개시
1973	최초의 원전입지소송 '이카타(伊方) 소송' 제기
1974	전원삼법 공포. 원자력선 '무츠(むつ)'의 방사능 누출사고 발생
1975	전원입지촉진대책 교부금 최초 교부(후쿠이, 후쿠시마, 아이치)
1978	원자력안전위원회 설치
1979	미국 스리마일섬 원전사고 발생
1984	아오모리현, 6곳에 핵연료 시설입지 협력 요청
1986	소련 체르노빌 원전사고 발생
1988	탈원전법 제정운동이 350만 명의 서명을 받음
1995	고속증식로 '몬주(もんじゅ)'에서 나트륨 누출사고 발생
1997	동연 토카이 재처리공장에서 화재 및 폭발사고 발생
1999	JCO 토카이 사업소에서 임계사고 발생
2001	원자력안전 · 보안원 발족
2002	도쿄전력 자주점검 작업기록 개찬(改竄) 발각
2006	원자력 입국계획 책정. 원자력 르네상스론이 세계적으로도 대두됨
2011	동일본 대지진, 도쿄전력 후쿠시마 제1 원전사고 발생

위원회가 설치되어 원자력 개발에 관한 방침이 설정되었다. 또한 원자로에 대한 기초연구를 하기 위해 국립 연구기관도 설치되었다. 즉 일본에 있어 원자력의 상업이용은 처음부터 국책이었다. 이것이 오늘에 이르는 국책으로서의 원자력 이용의 시작이다.

원자력 정책은 원자력위원회가 책정하는 원자력 장기이용계획에 의해 개발 방향이 결정되고 이용이 확대되어 나갔다. 최초의 상업용 개발인 일본원자력발전·토우카이원전이 운전을 개시한 것은 1966년이다. 오사카박람회가 개최된 1970년에는 간사이전력이 미하마원전 1호기(가압수형(加壓水型) 34만kW[15])의 운전을, 1971년에는 도쿄전력이 후쿠시마 제1원전 1호기의 운전을 개시하고 본격적인 원자력의 상업이용이 시작되었다(표 2-1).

도쿄전력이 처음으로 운전을 개시한 것이 후쿠시마 제1원전 1호기이다. 이것이 최초로 수소폭발로 비산(飛散)한 원자로이다. 원자력 산업의 상징이라고 할 수 있는 도쿄전력의 원전이 재해를 입은 것에는 필연적인 무언가가 있음을 알 수 있다.

2. 세계 제3위의 원전대국으로

〈그림 2-1〉은 일본 원전의 설비용량의 추이를 나타내고 있다. 1970년의 설비용량은 86만kW에 불과한 것이었지만 그 이후 급속하게 진행되어 1980년도에는 1495만kW(23기), 1990년도에는 3148만kW(40기), 2007년도 말에는 4931.5만kW(55기)로 증대되었다[16]. 하마오카 원전 1, 2호기가 2008년도(2009년 1월)에 폐지되고 2011년 3월에 후쿠시마 원전사고가 발생했기 때문에 2007년도가 일본 원전의 절정이었다.

증가속도를 보면 1986년의 체르노빌 사고의 영향도 있어 1990년대

---

15. 킬로와트(kW)란 발전능력의 크기를 표시하는 단위이다. 이것에 대해 kWh란 발전량을 표시하는 단위이다. 예컨대 100만kW 크기의 원전을 1시간 가동하면 100만kW×1h이며 100만kWh가 된다.
16. 40년 동안에 후쿠시마 1원전 1~4호기, 하마오카원전 1, 2호기를 포함하여 8기의 원전이 폐지되었다. 후쿠시마 제1원전 1~4호기의 정식 폐지는 2011년 4월인데 그래프에서는 2010년도에 계산되어 있다.

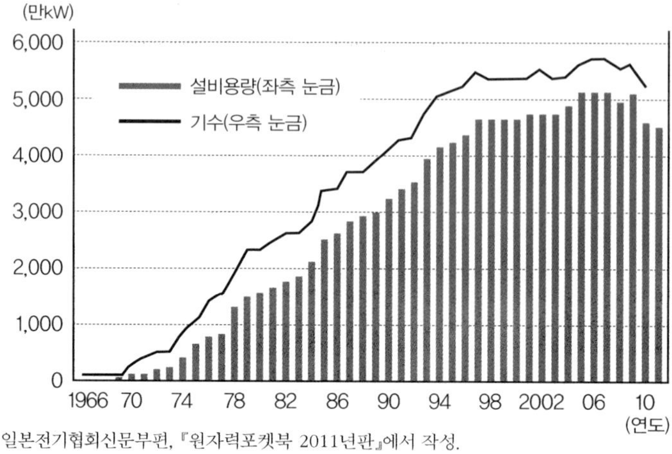

자료 : 일본전기협회신문부편, 『원자력포켓북 2011년판』에서 작성.

그림 2-1 일본 원자력발전소의 설비용량과 기수

중반 이후 원전의 입지가 정체되기도 했지만 지금까지 일본에서는 연간 2기의 속도로 일정하게 개발되고 있었다. 지금으로는 생각할 수 없는 경이적인 속도이다.

세계적으로 보아도 이러한 일본 원전의 개발 속도는 가히 이례적이라 할 수 있다. 원자력 대국인 미국과 프랑스, 독일과 영국 등 어느 국가에서도 원전의 확대 속도는 일률적이지 않다. 일본은 어떤 의미로는 과거의 소련과 동유럽 등 계획경제의 국가 이상으로 매우 계획적으로 확대를 진행했음을 알 수 있다. 그 결과 일본은 미국, 프랑스에 이어 세계 제3위의 원전대국이 되었다.

이번 사고를 통해 프랑스에 원전이 많은 것을 알게 된 사람도 많을 것이다. 그러므로 일본도 프랑스와 같이 원자력을 사용하면 된다고 간단하게 결론을 내리기 전에 생각해야 할 것이 있다. 프랑스와 일본은 국가가 놓인 자연조건이 전혀 다르다. 프랑스는 안정된 지반 위에 자리하고 있으며 대규모 지진이 발생하지 않는다. 반면 일본은 프랑스와 비교할 수 없을 정도로 많은 지진이 발생한다. 물론 그 고유의 위험성은 동일하지만 프랑스에서 원자력이 다용되는 것과 일본과 같은 지진국에서 사용되는 것은 기본적으로 사정이 다르다.

3. 에너지 안전보장의 실태

일본에서 원전이 에너지 정책 측면에서 중시되고 이 정도로 확대된 근거로, 에너지 안전보장이라는 대의명분이 있다. 일본 경제는 석유에 과도하게 의존하는 구조이기 때문에 석유의 수입이 중단되면 경제가 붕괴된다는 현실을 석유파동 때 경험한 적이 있다. 그로 인해 가능한 석유의존율을 낮출 필요가 있다고 생각하게 된 것이다.

원자력발전의 이용을 확대하면 그만큼 석유 소비량을 억제할 수 있으므로 에너지 안전보장에 도움이 되는, 즉 원자력을 에너지 안전보장의 주요 요소로서 주장하는 목소리가 높아지기 시작했다. 그러나 단순하게 원자력발전의 비율을 증대시키는 것만으로 에너지 안전보장에 도

표 2-2 각 자원의 자원량과 가채(可採)연수

	석유(억배럴)	천연가스(조m^3)	석탄(억톤)	우라늄(톤)
확인매장량	13,832	187.1	8,609	630,600
연생산량[1)]	300	3.2	73	6,713
가채연수	46.2	58.6	118	93.9

주 : 1) 우라늄에 대해서는 수요량.
자료 : BP, *BP Statistical Review of WORLD energy 2011*; IEA, *Uranium 2009*에서 작성.

움이 되는 것일까. 〈표 2-2〉는 각 에너지 자원의 매장량을 표시한 것이다. 〈표 2-2〉에서 제시된 가채연수란 확인매장량을 연생산량으로 나누어 계산할 수 있는 수치이다. 확인매장량, 연생산량 모두 경제상황과 정치상황에 의해 수치가 변화하기 때문에, 이를 이용하여 구한 가채연수는 일정의 기준치에 지나지 않는다는 점에 주의할 필요가 있다.

이에 의하면 우라늄의 가채연수는 93.9년이다. 이는 석탄의 118년에 필적하는 것으로 한눈에 보면 자원량이 많다고 할 수 있다. 그러나 가채연수는 연생산량과 관련해 평가할 필요가 있다.

국제에너지기구(IEA)에 의하면 세계 전체의 에너지 공급에서 원자력이 차지하는 비율은 2009년도 통계로 6%에 불과하며 석유 33%, 석탄 27%, 천연가스 21%와 비교하여 압도적으로 적다(그림 2-1). 만약 우라늄이 석탄과 같이 33% 가까이 사용된다고 가정하면 가채연수가 1/5 정도로 감소하게 된다. 그렇게 하면 이후 20년 정도밖에 사용할 수 없다. 중요한 것은 지금 세계에서 그다지 사용되지 않는다는 이유로 우라늄 가채연수가 아직까지 유지되고 있지만 만약 중국과 인도 등의 신흥공업국들이 원전을 증대시키기 시작하면 우라늄도 바로 고갈된다는 점이다.

우라늄은 화학연료와 비교했을 때 많다고 할 수 없으며 가용량이 크게 제한되어 있는 자원이다. 더욱이 우라늄은 전기로밖에 사용할 수 없다. 석유와 같이 가솔린과 플라스틱, 섬유로도 사용될 수 없으며, 용도가 한정적이며 비교적 빨리 고갈할 가능성이 높은 자원이라고 할 수 있다. 그러므로 우라늄 연료를 사용하여 발전하는 것만으로는 에너지원의 다양화를 이룰 수는 있어도 에너지 자급률을 고조시키고 향후 에너지 공급의 안전성을 확보하기에는 부족하다. 또한 에너지 자원의 대부

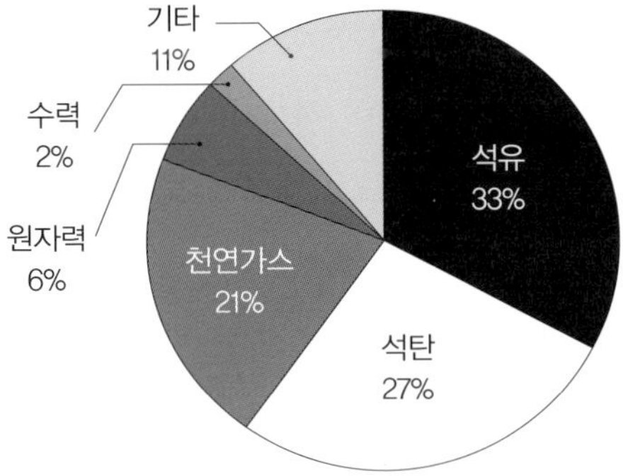

자료 : IEA, Statistis and Balances(http://www.iea.org/ststs/index.asp)에서 작성.

그림 2-2 세계의 에너지 공급(2009년)

분을 해외에 의존하는 일본의 에너지 공급구조의 취약점을 극복할 수 없다. 이 장벽을 허물기 위한 대책으로서 원자력 정책의 중심에 자리매김한 것이 경수로에서 발생한 사용후 핵연료로부터 플루토늄을 채취한 후 핵연료로서 재이용한다는 것이다. 플루토늄을 채취하는 것을 재처리라고 한다. 자세한 내용은 제5장에서 다시 설명한다.

4. 전원3법과 지역 우대조치

왜 일본에서 원자력 개발이 빠른 속도로 진행된 것일까. 원자력의 평화적 이용이 미국에서 최초로 선언된 즈음 일본인은 그 이용에 대해 회의적이었다고 한다. 1960년대 중반 입지반대운동이 미에현(三重縣) 아시하마지구에서 일어나 1970년대 원전 입지계획은 반대운동에 휘말리게 되었다.

최초의 상업로가 가동하기 시작한 즈음부터 주민의 대부분이 원전에 반대했었다. 그러나 반대운동이 있어도 원전의 건설은 계획적이라고 할 정도로 순조롭게 진행되었다. 여기서는 재정적 관점에서 설명하기로 한다. 정책의 중점은 금전의 사용법으로 표현된다. 재정은 국가 자금의 흐름이기 때문에 이를 보면 정책이 어떻게 진행되는지를 확인할 수 있다.

원자력발전으로 커다란 역할을 담당한 것은 국가 재정이었다. 1974년에는 전원3법이 제정되었는데 당시의 수상인 다나카 카구에이(田中角栄)가 원전 반대파를 억압하기 위해 만든 법률이다. 전원3법에 의해 원전 주변 지자체에 거액의 교부금이 제공되었다. 전원3법에 기초한 교부금이므로 전원3법 교부금이라 불리기도 한다. 원전 입지 지자체는 과소지역인데, 전원3법 교부금은 이러한 과소 지역의 지자체에 막대한 수입을 안겨주었다.

구체적으로 전원3법은 ① 전원개발촉진법, ② 전원개발촉진대책특별회계법(나중에 폐지), ③ 발전용 시설주변지역정비법으로 구성되어 있다. ①에 의해 전력회사가 전기요금에 누적하여 세금을 부과한다. 이 세금은 전원개발촉진세라고 한다. 다음으로 전원개발촉진세는 ②의 법률에 의해 특별회계에 산입된다. 다음으로 ③의 법률에 의해 지정된 발전소 입지지역에 교부금이 지급된다. 전원개발촉진세의 세율은 제정 당시는 1kWh당 8.5전이었다. 그러나 전원개발촉진세는 에너지 정책에서 원자력발전의 위상이 제고되자 점차 인상되어 현재는 1kWh당 37.5전이다.

전원개발촉진세를 얼마 지급하고 있는가

전원개발촉진세는 매월 송부되는 전기요금표에도 지급하고 있는 금액이 기술되어 있지 않다. 얼마 지급하고 있는지를 계산해 보면, 만약 1개월간의 전기사용량이 400kWh라고 할 때 0.375×400=150엔이 된다. 그리고 이 가운데 70% 정도가 원전에 사용되어 왔다.

전원3법은 목적세에 기초한 자금조달시스템을 제도화한 것이었다. 이것이 원자력 개발 초기에 정비됨에 따라 원전은 재정지원을 받아 계획적으로 건설된 것이다. 전원개발촉진세는 2006년도까지 전원개발촉진대책특별회계(이하 전원특회)라는 특별회계에 직접적으로 포함되어 있었다. 이 특별회계는 전원입지계정이라는 입지대책비용과 전원다양화계정이라는 기술 개발비용으로 나누어져 있었다. 이에 대해 각각 어느 정도의 비율로 배분될 것인지도 미리 결정되어 있었다.

입지대책비용은 주로 입지자치단체에 지급될 교부금을 위한 자금이다. 또한 연구개발비용은 원자력 기술의 개발을 위한 자금이다. 연구개발은 특히 고속증식로의 개발과 플루토늄을 추출하는 재처리 기술의 개발을 중심으로 진행되었다. 제5장에서 설명할 고속증식로 몬주 등의 개발이 이에 해당된다. 전원3법이 제정되고 난 후 일본의 원자력발전의 개발은 급속하게 진행되었다. 전원3법이 없었다면 이 정도로 원활하게 진행되지는 못했을 것이다.

1) 과잉의 원전 예산

그러나 전원3법은 구조적인 문제를 야기하게 되었다. 이 점은 특히 입법대책비용에서 명백하게 나타났다. 스리마일섬 원전사고와 체르노빌 원전사고가 발생하고 일본에서도 사고와 분쟁이 자주 발생하게 되어 돈은 있지만 원전의 입지가 계획대로 진행되지 못했다. 그렇게 되자 입지대책비가 있음에도 불구하고 이를 소화하지 못하고 돈이 남게 되었다. 국가 재정에서 돈이 매년 남는다는 것은 이례적이다. 원전의 입지가 순조롭게 진행될 것을 전제로 만들어진 제도였기 때문에 돈의 과잉이 대량으로 발생할 것이라고는 누구도 예상하지 못했다.

남은 금액은 전원입지계정의 결산에서 파악할 수 있다. 1980~1990년대 잉여금의 비율은 매우 높았는데, 절정까지 다다랐던 1988년도에는 금액으로 1,141억 엔, 비율로는 64%나 남았다. 예산의 2/3를 소화할 수 없는 사태는 전원3법에 의한 입지대책의 존재 의의를 묻는 것이었다.

나는 이때 전원3법을 폐지해야 한다고 생각했다. 그러나 정부는 전원3법을 폐지하기는커녕 오히려 전원3법 교부금의 대상을 확대하고 '사용하기 쉽게' 만들었다. 이러한 방법으로 예산 소화를 도모한 것이다.

이 시도는 성공했다. 학교버스 정비, 초등학교, 체육관, 장례식장 등 공공시설의 정비뿐만 아니라 외국인 강사채용 등의 외국어 교육과 통근버스 사업 등 본래 각 지자체가 자체의 재원으로 정비, 운영해야 할 원전과는 상당히 거리가 먼 분야까지 대상사업이 된 것이다.

나의 고향인 후쿠이현에 있는 작은 지자체에도 대량의 자금이 들어왔다. 과소지역이며 재원부족에 허덕이던 입지 지자체가 원전을 받아들였다고 한다. 중요한 것은 원전에 수반하는 수입이 포함되어 있기 때문에 받아들였다는 사실이다. 원전을 받아들이면 고정자산세와 전력회사로부터의 기부금 등도 받을 수 있게 된다.

이러한 현상의 발생 배경에는 지방의 과소화, 빈곤화가 있으며, 이러한 지방의 문제는 매우 중대하다. 그러나 도시와 지방의 격차문제에 대한 근본적인 해결책이 강구되지 않고 원전의 대가로 자금을 제공하는 것은 문제이다. 재원부족의 지자체는 원전을 받아들이는 대신 거액의 교부금을 제공받고 자주적인 재원에 기초하지 않는 재정운영을 시행하는 체질로 변모되었다. 전원3법 시스템은 실로 원전의 입지를 진전시키기 위한 회유책이었다.

지자체를 금전으로 회유한다는 방법을 노골적으로 표명한 것은 선진국 중에서는 일본밖에 없다고 본다. 본래 경제활동이라는 면에서 모든 사업은 바람직하게 이루어져야 할 것이다. 그러므로 교부금이 있다는 것 자체가 이상한 이야기이다. 만약 원전이 지방경제에 있어서도 바람직한 것이라면 교부금이 없어도 유치될 것이다. 즉, 진정한 경제활동이라면 교부금은 필요 없을 것이다.

2) 에너지 관련 재정의 재편

전원3법 교부금은 점차로 추가, 확충되어 매우 복잡한 것이 되었다. 정부는 2003년도에 지금까지 난립해 있던 다섯 가지의 교부금을 통합하고 전원입지지역대책 교부금으로 일원화했다.

동시에 지금까지의 교부금 대상사업의 확대를 더욱더 진전시켜 원자력을 중점적으로 지원하게 되었다. 지금까지 원전의 운전이 개시됨과 동시에 점차 줄어든 교부금의 금액이 운전단계가 되어도 장기간 줄어들지 않는 구조가 되었다.

교부금은 명목상으로는 수력, 화력, 지열을 포함하는 모든 전원을 위한 교부금으로 되어 있다. 하지만 실질적으로는 그 대부분이 원전의 입지대책에 이용되고 있다.

원전공급의 현상을 정리한 전원개발의 개요를 조사해 보면 전원3법 교부금의 약 70%가 원자력발전을 위해 이용되고 있다는 것을 알 수 있다. 한편 수력과 지열을 위한 교부금은 원자력과 비교했을 때 소액이다.

2007년에는 전원특회가 폐지되었다. 특별회계라는 구조는 불필요한 예산도 통과시켜 버리는 문제가 발생하기 쉬운 메커니즘이다. 특히 전원특회에서 그러한 문제점이 현저하게 나타났었다. 그것을 해소하기 위한 제도개혁이 이루어진 것인데 실질적으로는 거의 아무런 변화가 없었다.

전원개발촉진세는 여전히 입지대책비용과 연구개발비용의 재원으로서 존속하고 있다. 또한 예산의 사용법도 변함이 없었다. 여전히 원자력 추진을 금전으로 강요하고 있다. 원자력 정책을 변화시키기 위해서는 근본적으로 예산의 운용방법을 변화시킬 필요가 있다.

5. 원자력 우대예산의 실태

에너지 정책이 원전 우선이라는 것은 예산의 내용에서도 파악할 수 있다. 그래서 예산의 사용도를 전원별, 즉 원자력, 석탄, 수력, 신에너지, 에너지절약, 입지, 기타로 구분하여 집계해 본다. 여기서 주의해야 할 것은 재정 자료에 에너지원별로 금액이 할당되어 있는 것은 아니라는 점이다.

국가의 예산을 보면 여러 비목이 있지만 이름은 번잡하게 변경되어 있다. 비슷한 비목의 예산이 여러 개 만들어지거나 몇 년이 지나면 사라지기도 한다. 또한 입지계정에도 입지대책이라고는 할 수 없는 것이 포함되어 있기도 하다.

따라서 에너지원별로 어느 정도의 예산이 사용되고 있는지를 파악하기 위해서는 처음부터 다시 집계해야 한다. 그래서 나는 전원특회가 창설된 1974년도부터 2010년도까지 37년 동안의 예산을 '나라의 예산'이

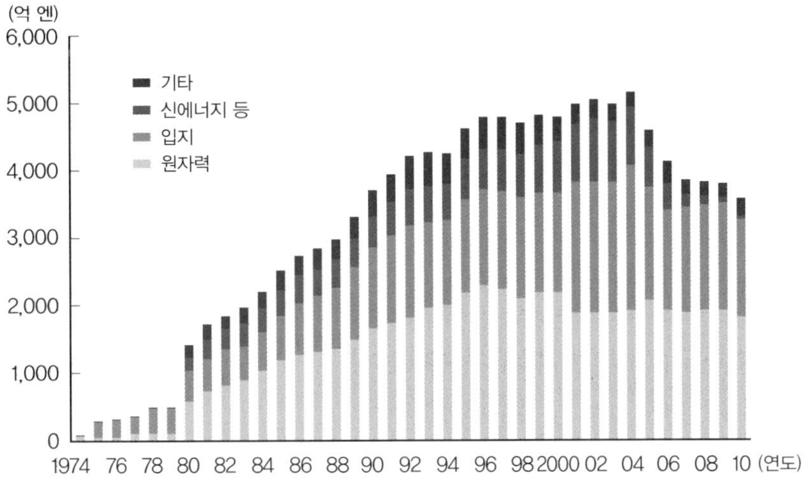

자료 : 『국가의 예산』 각 연도판에서 작성.

그림 2-3 특별회계 예산의 추이

라는 국민 위주의 통계를 바탕으로 가능한 에너지원별로 구분하여 다시 집계했다[17]. 그 집계 결과를 그래프로 표시한 것이 〈그림 2-3〉이다.

우선 예산총액에 대해 말하면 용도의 확대와 세율의 인상에 수반하여 2002년도까지는 재정규모가 계속 확대되었다. 처음과 비교하면 절정시인 2002년도에는 49배나 증가했다. 2003년도 이후에는 재원이 축소되어 2010년도에는 절정시보다 1,464억 엔이 감소한 3,463억 엔이 되었다.

다음으로 에너지원별, 용도별 구성을 보면 이 37년간 전원특회의 45%가 원자력, 34%가 입지대책에 충당되고 있다. 전술한 바와 같이 입지대책 중에서도 약 70%가 원자력이다. 이것을 합하면 전원특회의

17. 무엇을 어느 에너지원으로 구분하는지 등에 대해서는 大島健一, 「再生可能エネルギーの政治経済学」, 東洋経済新報社, 2010 참조.

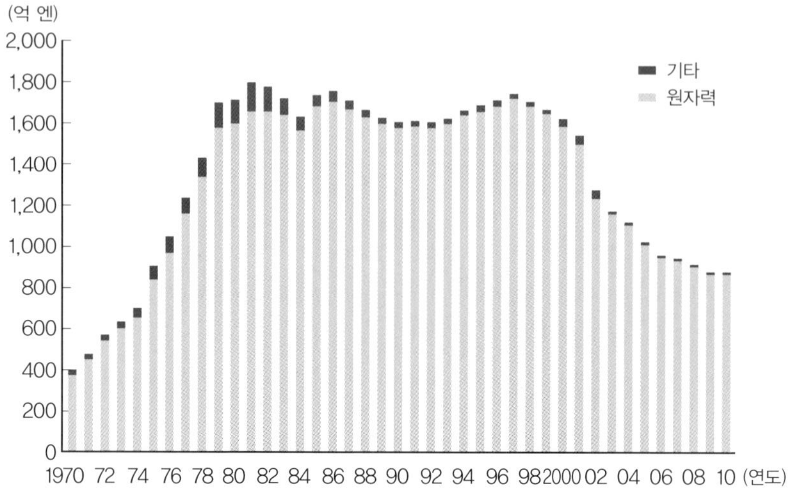

자료 : 『국가의 예산』 각 연도판에서 작성.

그림 2-4 일반회계의 에너지 대책비

대개 2/3가 원자력에 소요된 것을 알 수 있다. 실로 전원3법은 원자력 발전의 확대에 커다란 역할을 담당했다.

원전 관련 예산은 특별회계 외에 일반회계에도 해당된다. 일반회계에 대해서도 전원특회와 같은 집계를 시도했다. 그 결과는 〈그림 2-4〉와 같다.

1970년도에 387억 엔에 불과했던 일반회계의 에너지 관련 경비는 절정시의 1981년도에는 1,791억 엔에 이르고 있다. 그 후 재정규모는 축소되고 최근에는 1,000억 엔이 되었다. 에너지원별로는 대부분이 원자력 관련 경비로 되어 있는 것이 일목요연하며 지금까지 97%가 원자력에 이용되어 왔다. 일반회계의 에너지 대책비는 거의 전액이 원자력 관련이다.

이상을 정리해 보면 특별회계와 일반회계를 합한 국가의 에너지 대책

관계비는 명목상은 목적세인지 일반재원인지의 구별을 불문하고 원자력 개발을 지원한 재정자금이 되었다. 이에 따라 에너지 정책의 근본적 재고가 진행되고 있다. 그러나 아무리 정책을 변경해도 예산의 흐름이 변화하지 않으면 원전 개발이 계속 진전될 것이다. 예산의 사용법을 대담하게 변경할 에너지 재정개혁이 필요하다.

6. 원자력촌=원자력복합체

재정시스템의 뒷받침이 있었기 때문에 일본에서는 이례적인 원자력 개발이 추진되었다. 그 주체가 된 것이 원자력촌이라고도 말할 수 있는 이익집단이다. 이것은 원전의 개발로 이해가 일치되어 정치가, 관료, 재계, 노동조합(전력총련 등 전력관련의 노동조합), 학회 및 각종 매스컴도 연루된 일종의 운명 공동체이다.

정치가들 중에는 도쿄전력 출신자가 있으며 도쿄전력은 경단련의 회장과 부회장을 역임하는 등 지금까지 재계의 중심에 있다. 또한 후쿠시마 원전사고 후의 원자력위원회에 도쿄전력 고문인 오모토 아키라가 있었다.

이 추진체제는 원자력촌이라고 하기에는 너무나 뿌리가 깊고 힘이 강했다. 이로 인해 나는 원자력복합체라고 부르고 있다. 텔레비전, 신문, 잡지 등의 매스컴도 금전의 힘으로 회유되어 원자력복합체에 연계되어 많은 원자력의 보급에 힘썼다. 대학의 학자도 원자력 신화에 학술적 권위를 부여하는 역할을 담당해 왔다. 대개는 구제국대들과 도쿄공업대학의 교수인데 특히 도쿄대학이 담당한 역할은 클 것이다.

원자력복합체에 속하는 사람들은 최근까지지도 심각한 사고는 일본에서 절대로 일어나지 않는다고 계속해서 주장해 왔다. 체르노빌 원전사고가 발생해도 그리고 한신·아와지 대지진이 발생해 고속도로가 붕괴되어도 일본의 원전만은 튼튼하다고 예외시켜 왔다.

1) 원자력촌과 안전신화

아마 원자력복합체의 일원들도 처음에는 위험하다는 것을 알면서 임시방편으로 원자력은 안전하다고 주장했을 것이다.

대사고가 원전 개발을 계획하던 시기에 발생했기 때문에 정부는 이 사고의 피해규모를 비밀리에 검토하고 있었다. 1959년 당시의 과학기술청(나중에 문부과학성으로 통합)이 일본원자력 산업본회(지금의 일본원자력 산업협회, 일본의 원자력업계단체이다)에 위탁하여 조사보고서를 정리했으며[18], 이 조사보고서는 1997년까지 정식으로 공개된 적이 없었다. 이 문서에 의하면 후쿠시마 제1원전 1호기의 1/3 정도의 규모의 원전이더라도 일단 대사고가 발생하면 물적 피해만으로 1조 엔 이상이 된다. 당시의 국가 예산은 1조 8,000억 엔 정도로, 이 정도의 피해가 발생하면 실제로 국가 파산의 위기에 직면하게 된다.

정부 내부에서 위기위식은 분명히 있었다고 본다. 그러나 그러한 연구가 내부에 있음에도 불구하고 1970년대에 본격적으로 원전의 운전이 시작되자 원자력이 안전하다고 말하기 시작했다. 더욱이 그것을 반복

18. 이 문서는 이 문서는 하라다 히로시의 사이트에 전문이 게재되어 있다. 일본원자력 산업회의, "大型原子炉の事故の理論的可能性および公衆損害額に関する試算", 1969 (http://homepage3.nifty.com/h-harada/nonuke/lib/sisan/hyosi.html).

적으로 주장하는 사이 자신들도 그것이 사실이라 믿게 된 것 같다. 원전의 안전성에 대해 이론(異論)을 허용하지 않는 분위기였다.

이와 같은 경향으로 인해 대사고 대책을 규제할 법률이 없었다. 대사고 대책이라는 것을 가혹한 사고관리라고 부른다. 1992년에 원자력안전위원회는 대사고에 대비하기 위한 기본 정책을 결정했는데, 거기에는 아래와 같은 놀라운 내용이 포함되어 있다.

일본의 원자로 시설의 안전성

일본의 원자로 시설의 안전성은 … 다중방호(多重防護)의 사상에 기반하여 엄격한 안전확보대책을 시행함에 따라 충분히 확보되고 있다. 이들의 다양한 대책에 따라 공학적으로는 가혹한 사고가 현실적으로 발생한다는 것은 생각할 수 없을 정도로 발생 가능성이 매우 낮은 것으로 되어 있으며 원자로 시설의 위험은 매우 낮아지고 있다고 판단된다. … 이 위원회는 원자로 설치자에게 효과적인 사고관리를 자주적으로 정비하고 만일의 경우에 이것을 명확하게 실시할 수 있도록 강력히 권장되어야 한다고 본다(원자력안전위원회, 발전용 경수로 시설에서의 가혹한 사고대책으로서의 사고관리에 대해, 1992.5.28).

여기서 말하고 있는 것은 다음과 같은 것이다. '원전에서 가혹사고가 발생할 가능성은 공학적으로는 거의 불가능할 정도로 낮다. 가능성은 낮지만 더욱이 만전을 기하기 위해 대책을 강구한다. 다만 그 대책은 전력사업자의 자주성에 위임한다'. 그러므로 원자로의 설치허가에 있어서 대사고 대책은 법령상의 요건이 되지 않았다.

더욱이 안전하다고 믿고 있었기에 정부의 원자력방재지침은 매우 허술한 것이 되었다. 원자력방재지침의 전제가 되는 원자력 사고는 1979년에 미국에서 발생한 스리마일섬 사고이다. 즉, 예상되는 사고피해의 규모를 축소하여 사실보다 작게 견적 낸 것이다. 여기서는 체르노빌 원전사고와 같은 대사고가 일본에서 발생하는 일이 없다는 전제에 입각하고 있었다. 그로 인해 특별한 방재대책을 강구하는 지역을 8~10킬로미터권 내로 한정하고 있었다. 그러나 체르노빌 원전사고를 염두에 두었다면 적어도 30킬로미터권으로 확대되었을 것이다.

사고 시 방재대책의 센터가 되어야 할 오프사이트센터(offsite center)가 후쿠시마 원전사고에서는 피난구역에 포함되어서 그 역할을 전혀 수행할 수 없었다. 즉, 일본의 안전신화가 적절한 방재지침의 책정을 방해한 것이다. 원자력안전위원회는 도대체 무엇을 한 것일까. 대사고에 대응하는 방재지침을 완전히 재고해야 했던 것은 아닐까.

2) 원자력방재지침의 개정작업을 방해한 원자력안전 · 보안원(保安院)

대사고를 예상한 원자력방재지침이 왜 만들어지지 않았는가. 그 사정이 분명해졌다. IAEA의 새로운 지침을 바탕으로 하여 원자력방재지침을 원자력안전위원회가 2006년에 재고하려고 할 때 경제산업성에 있는 원자력안전·보안원이 간섭을 했다고 한다.

원자력안전위원회에 대해 당시의 보안원 원장이었던 히로세(토우카이대학 특임 교수, 2011년부터 내각참여로서 후쿠시마 원전사고대책에 종사했다)는 JCO(사고)[19] 대책이 정리되었을 때에 왜 자고 있는 아이를 깨우냐고 강하게 항의했다고 한다[20].

19. 1999년 이바라기현 토우카이무라에 있는 JCO라는 스미토모금속광산의 자회사의 공장 내에서 우라늄용액이 임계상태가 되어 핵분열 연쇄반응이 정지되지 않게 되었다. 작업을 하고 있던 현장담당자 2명은 강한 방사선으로 인해 나중에 사망했고, 주변주민도 피난했다. 이 사건은 원자력 관련 사고에서 처음으로 사망자가 나왔기 때문에 원자력 정책에 충격을 주었다.

20. 카토우 슈이치 의원에 대한 정부참고인의 답변을 참조(제180차 국회, 참의원예산위원회 의사록 제16호, 2012년 4월 2일)(http://www.kokkai.ndl.go.jp/).

이외에도 2012년 3월에 원자력안전위원회가 홈페이지상에서 공표한 문서를 보면 보안원이 원자력방재지침의 재고를 집요하게 저지한 것을 알 수 있다[21]. 안전대책을 담당하는 보안원이 스스로 적절한 원자력방재지침을 만들지 못하게 한 것이다.

대충의 원자력방재지침밖에 없는 가운데 후쿠시마 원전사고가 발생했다. 이로 인해 사고 후의 대책은 그 이후로 미루어지게 되었다.

3월 12일 후쿠시마 제1원전 1호기가 폭발했을 때 수상관저에서조차 텔레비전에서 방영되고 있는 것 이외에 폭발에 관한 정보를 확보할 수 없었다.[22]

사고수습체제도 사고가 발생한 후에야 다급히 만들었다. 원자력 사고 이전에는 정부의 방재체제가 전혀 기능하지 않았고, 이는 원자력복합체의 책임이 매우 크다고 봐야 한다. 관련된 조직과 개인의 책임을 철저하게 추궁해야 할 것이다.

7. 정말 '친환경적'인가

안전신화 외에도 원자력 개발은 몇 가지 신화의 지지를 받았다. 원자력은 CO_2를 배출하지 않으며 친환경에 뛰어난 에너지라는 신화도 있다.

원자력은 실제로 CO_2를 방출하지 않는 것일까. 이것은 세계적으로 논의의 대상이 되고 있다. 화석연료를 연소하지 않으므로 원자력발전에

21. 원자력안전위원회, '방재지침개정에 관한 보안원과의 합의경위'(메모), (http://www.nsc.go.jp/info/20120315_2.html).
22. 아사히신문, 2012.1.31.

서 직접 CO_2가 발생하지는 않는다. 그러나 원자력발전에는 발전소의 건설, 연료의 채굴과 운반, 시설의 가동과 폐기물의 처리, 더욱이 폐로 작업이 필요하다.

그러나 이들의 작업을 원자력발전으로 행할 수는 없다. 우라늄을 채굴할 때 불도저와 트럭을 움직이는 데 석유가 사용되고 발전소의 건설에도 석유가 사용된다. 이것은 태양광 발전과 풍력 발전에서도 같다.

이와 같이 발전할 때뿐만 아니라 원자력에 수반하는 모든 과정의 CO_2 배출량을 계산해야 한다. 이와 같은 계산은 세계적으로 이루어진다. 원전에 대해서는 CO_2 배출량이 많다는 연구도 있으며 적다는 연구도 있다. 전기사업연합회(전력회사가 만든 업계단체)가 출판한 「원자력 2010」에는 원전과 재생가능에너지의 CO_2 배출량이 기술되어 있다. 이것에 의하면 1kWh당 CO_2 배출량은 원전에서는 22~25그램, 풍력 발전에서는 29그램, 태양광에서는 53그램이다.

표 2-3 에너지별 CO_2 배출량

(단위 : g/kWh)

	라이프사이클	발전소 건설의 지연	전쟁, 테러에 의한 배출	총배출량
태양광발전	19~59	0	0	19~59
태양열발전	8.5~11.3	0	0	8.5~11.3
풍력	2.8~7.4	0	0	2.8~7.4
지열	15.1~55	1~6	0	16.1~61
수력	17~22	31~49	0	48~71
파력	21.7	20~41	0	41.7~62.7
조력	14	20~41	0	34~55
원자력	9~70	59~106	0~4.1	68~180.1

자료 : Jacobson, Mark Z.(2009), "Review of Solutions to Global Warming, Air Pollution, and Energy Security", Energy and Environmental Science, No. 2, pp. 148-173에서 작성.

〈표 2-3〉에서 나타내는 원자력에 관한 수치들은 다른 다양한 연구들과 비교해 봤을 때 낮은 편이다. 왜 같은 원전에서도 CO_2 배출량이 변화하는지에 대해 보면 분석대상의 범위가 다르거나 가정이 다른 등의 경우가 있기 때문이다. 세계적으로 통일된 방법은 없으며 각각 다양하다. 그래서 스탠포드대학의 Jacobson 교수는 지금까지 행해진 CO_2 배출에 관한 세계적인 연구를 조사하여 하나의 표로 정리한 것이다. 이것은 좋은 참고자료가 되었다. 그의 연구에 따르면 1kWh의 발전에 대한 CO_2 배출량은 라이프사이클(건설에서 발전, 폐기까지의 종합적 배출량)에서 원자력이 9~70그램, 태양광이 19~59그램이며, 가장 적은 풍력을 2.8~7.4그램으로 보고 있다. 이것을 보면 재생가능에너지 쪽이 원전보다 유리하다.

더욱이 원전의 경우 건설에 적어도 10년 정도 소요된다. 2011년 가을에 정부의 에너지환경회 산하에 비용검증위원회가 설치되었지만 이 위원회의 자료에 따르면 원전의 경우 건설예정에서 운전개시까지 20년이 소요된다고 한다.

이와 같이 건설에는 장시간이 소요된다는 것이 원전의 특징이다. 이것을 CO_2 배출의 측면에서 보면 건설기간 동안 원전 이외의 전력, 특히 화력발전을 사용한다. 따라서 원전은 화력이 없으면 건설할 수 없다. 그와 같은 긴 건설기간에 추가하여 건설이 계획대로 진행되지 않음에 따라 건설기간이 지연되는 사태가 발생하기도 한다. Jacobson 교수는 이 건설기간에 다른 전력을 사용하는 것도 고려하고 있다. 이러한 면에서도 원전은 재생가능에너지에 비교하면 CO_2 배출량이 많은 것이 특징이다.

그 외에 전쟁이나 테러의 대상이 되기도 한다. 특히 전쟁이 발생하면 자국 내에 설치된 원전은 적에게 있어 안성맞춤의 사냥감이다. 후쿠시마 원전사고를 보면 원자로 본체를 겨냥할 필요도 없다는 사실을 알 수 있다. 외부전원이라든가 연결도로를 파괴하면 된다. 이와 같은 사태가 발생했을 때의 CO_2 배출량도 고려해야 한다. 이 또한 Jacobson 교수가 정리하고 있다.

원전의 라이프사이클에 이러한 건설기간의 지연과 테러, 전쟁에 의한 배출 증가량을 모두 합하면 CO_2 총배출량은 68~180.1그램도 될 수 있다. 한편 재생가능에너지에는 원전과 같은 문제가 없다. 예컨대 태양광발전 등은 원전과 비교할 수 없을 정도로 단기간에 건설할 수 있다. 테러를 당할 위험도 없다. 가령 테러를 당해도 붕괴될 뿐이며 원자력과 같이 제어불능이 되어 방사성 물질이 되지는 않는다.

물론 원자력은 화력과 천연가스, 석탄에 비교하면 CO_2 배출량이 적다. 하지만 화석연료 이외의 태양광과 풍력, 수력에 비교하면 예상보다 많이 방출되고 있다. CO_2 배출량에 있어서는 재생가능에너지 쪽이 뛰어나다.

1) 온난화대책이라는 명목으로 원자력 추진

원자력 추진의 목적 중 하나로 온난화대책이 있었다. 후쿠시마 원전사고 이전에 책정된 에너지기본계획(2010년 책정)[23]도 이 견해에 따라 작성된 것이다. 사람들은 원래 전력회사도 온난화대책을 강구할 필요가 있으므로 원자력이 꼭 필요하다고 주장했다.

23. 에너지기본계획의 전문은 경제산업성의 홈페이지(http://www.meti.go.jp/committee/summary/004657/energy.html)에 업로드되어 있다.

그러면 전력회사는 원전이용을 확대할 수 있었을까. 원자력 이용은 현실적으로 생각대로 진전되지 않았다. 그 하나의 원인은 전력회사 자신이 데이터를 조작하거나 사고를 은폐하는 부정행위를 반복하고 있었던 데 있다. 데이터를 상습 및 고의적으로 조작한 나머지 원자로를 정지시키고 검사하라는 국가의 지시를 받은 적도 있다.

두 번째 원인은 2007년에 추에츠오키(中越沖) 지진이 발생하여 카시와자키 카리와 원전이 장기간 운전 불능상태에 빠진 일이었다. 후쿠시마 원전사고도 지진과 해일에 의해 초래되었지만 일본의 원전은 항상 이러한 위기에 노출되고 있다.

이와 같이 부정과 재해로 원전은 자주 정지된다. 원전은 사회적으로나 자연적으로 안정된 전원이라 할 수 없다. 이렇게 원전이용이 멈춘 상황에서 온난화대책에 대응하기 위해서는 재생가능에너지의 이용을 확대해야 했다. 그러나 전력회사는 이와는 반대의 일을 행하고 있었다.

전력회사는 온난화대책을 원자력 개발의 이유로 삼는 한편 CO_2 배출량을 증대시키는 석탄화력을 대폭 증설해 왔다. 석탄은 화석연료 중에서 CO_2를 가장 많이 배출하는 에너지원이다. 연료를 1그램 연소하여 방출되는 CO_2의 양을 탄소배출계수라고 하는데, 이 탄소배출계수가 가장 높은 것이 석탄이다. 석탄은 탄소 덩어리이기 때문에 CO_2가 많이 배출되는 것은 당연하다.

이에 비해 천연가스는 석탄만큼 CO_2가 배출되지 않는다. 즉, 탄소배출계수가 낮은 것이다. 석탄과 천연가스의 배출량은 1.8배 차이가 난다. 따라서 석탄을 연소시켜 발전하는 석탄화력을 증대하면 발전단계에서 CO_2 배출량이 크게 증가하게 된다. 1kWh의 전기를 발전할 때에 배출되는 CO_2의 양을 CO_2 배출 원단위라고 하는데, 석탄화력 발전을 증대하면 전기의 CO_2 배출 원단위는 대폭 상승하게 된다.

원자력의 경우는 이와 다르다. 하지만 원자력 이용이 성공할 것이라는 맹목적인 믿음으로 석탄화력을 증대시키고 있다. 일이 이런 식으로 진행되면 전력업계의 CO_2 배출량이 증가하는 것은 당연하다.

실제 전력회사의 CO_2 배출량은 에너지 소비량을 상회하는 속도로 증가했다. 전기사업연합회는 당초 CO_2 배출계수를 1990년부터 20% 감축할 것을 목표로 했다. 그러나 그 목표가 달성되기는커녕 오히려 악화되었다.

지금까지 원전은 온난화대책의 중심 요소로 취급되어 왔다. 그러나 실제로는 원전에 의존한 온난화대책이 성공한 사례는 없다. 원자력 이용은 당초의 목표대로 달성되지 않고 후쿠시마 원전사고 전에 실패했다. 달성 불가능한 원자력 이용 확대정책을 목표로 마치 온난화대책을 강구하고 있는 자세를 보이면서 석탄화력 발전을 증대시켰다. 가능하지 않은 원자력 이용을 들어 무언가 하고 있는 모습을 보이는 것은 온난화대책에 역행하는 일이다.

후쿠시마 원전사고의 영향으로 단기간으로는 석탄과 천연가스, 석유에 의한 발전이 증가하고 있다. 석탄화력을 증설했기 때문에 최근까지도 CO_2 배출량은 증가했다.

지금까지의 온난화대책의 실패와 후쿠시마 원전사고가 중첩되어 전력업계로부터 배출되는 CO_2의 양은 더욱 증가할 것이다. 지금이야말로 이제까지 미루어 왔던 온난화대책을 본격적으로 실시해야 할 때이다.

원전은 후쿠시마 원전사고 이후 신뢰할 수 없게 되었다. 신뢰를 잃은 원전 이용에 의존하고 결과적으로 온난화대책의 실시를 지연시키는 것은 이제 중단해야 한다. 원전에 의존하는 정책을 지속적으로 채택하는 것은 결국 궁극적인 온난화대책의 실시를 방해하는 일로 이어진다. 원전에도, 석탄화력에도 의존하지 않는 확실성이 높은 정책이 필요하다[24].

2) 남겨진 원전의 신화

그 외에 원전과 관련한 신화로는 준국산 에너지라는 것이 있다. 석유파동 이후 원자력에 특별한 위상이 부여된 이래 사용된 말이다. 원전은 국산과도 다를 바 없는 요소라는 것이 주장의 요점이다. 이것은 재처리와 고속증식로를 전제로 한 것이지만 이 점에 대해서는 제5장에서 설명한다.

그리고 또 하나의 커다란 신화가 있다. 그것은 원자력이 저렴하다는 신화이다. 그러나 그 논의도 실은 의심스러운 점이 많다. 다음 장에서는 그것에 대해 설명하고자 한다.

---

24. 平田仁子編, 「原発も温暖化もない未来を創る」, コモンズ, 2012.

제3장

원전이 가장 저렴한 전력이라는 사기극

1. 저렴하다고 인식되어 온 원자력
2. 원전의 발전비용이란 무엇인가
3. 실제 발전비용의 계산
4. 총괄원가방식의 조작
5. 발전비용의 계산
6. 전력회사에서 원전이란
7. 사회적 비용을 포함한 원전비용

1. 저렴하다고 인식되어 온 원자력

"원전은 가장 저렴한 에너지원이다." 이는 원전 추진의 하나의 논거이다. 그 근거가 된 것이 정부의 에너지 정책과 원자력 정책과 관련하여 심의회가 발표한 보고서이다. 후쿠시마 원전사고 이전에는 2004년에 발표된 수치가 구체적 근거가 되었다[25]. 자주 이용되고 있는 것이 〈그림 3-1〉에 제시한 발전비용이다.

이 수치를 보면 분명 원자력이 제일 저렴한 전원이다. 그러면 이 수치는 도대체 어떻게 계산한 것일까. 발전비용은 계산방법에 따라 달라진다. 왜냐하면 발전은 경제활동이기 때문이다. 사회상황과 경제상황 등의 조건이 달라지면 보통 변화하기 마련이다. 수치만으로는 그것을 판단할 수 없다.

1) 원전비용의 계산방법

결국 발전비용이란 무엇인가, 계산방법에 대해 간단히 생각해 보자. 발전비용의 계산방법에는 모델플랜트 방식과 실적치를 계산하는 방식이

25. 종합자원에너지 조사회 전기사업분과회 비용 검토소위원회에 전기사업연합회가 제공한 계산이 기반이 되어 있다. 종합자원에너지 조사회는 일본의 에너지 정책의 구체적 내용을 심의하고 있다.

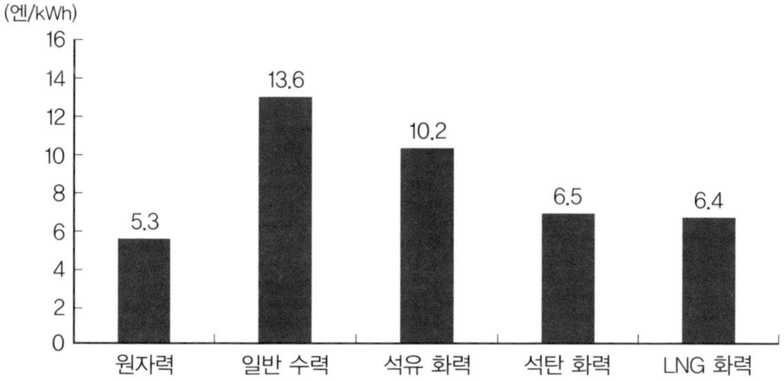

자료 : 종합자원에너지 조사회 전시사업분과회 비용 검토소위원회, 백엔드사업 전반에 관한 비용구조, 원자력발전 전체의 수익성의 분석과 평가, 2004. 1. 23에서 작성.

그림 3-1 정부가 발표한 에너지원별 발전비용(2004년 계산)

있다.

모델플랜트 방식이라는 것은 어느 가공의 발전소를 상정하여 지금부터 몇 십 년간 사용했을 때에 어느 정도의 비용으로 발전할 수 있는지를 탁상으로 계산하는 방식이다. 즉, 장래의 발전비용을 미리 알기 위해 어느 일정한 조건을 결정하여 계산하는 것이다. 조건이 현실적으로 맞지 않으면 이례적인 수치가 나온다.

실적치를 계산하는 방식은 수치와 같은 과거의 실적치를 알기 위해 발전비용을 계산하는 것이다. 전기사업연합회의 계산방식은 모델플랜트 방식에 기초하고 있다. 계산의 전제가 되는 조건은 설비용량(발전능력), 운전연수, 설비이용률, 건설비, 연료비, 유지관리비 등이다.

원전은 원전비용에서 차지하는 연료비의 비율이 낮으며 건설비와 유지관리비가 높다는 점이 특징이다. 간단하게 말하면 연료비는 그다지 소요되지 않으므로 사용하면 할수록 저렴해진다. 이러한 전원의 경우 발전비용은 운전연수가 길어질수록 또한 설비이용률을 높게 할수록 적어진다. 원전의 비용이 5.3엔/kWh인 때의 조건은 운전연수 40년, 설비이용률 80%였다.

그러면 운전연수 40년, 설비이용률 80%라는 상정은 현실적인 것이었을까. 이것이 제일 중요하다. 이 발전비용의 계산이 이루어진 2004년 시점에서 운전연수가 40년을 초과한 원전은 실제로 1기도 없었다. 일본의 가장 오래된 원전은 ㈜일본원자력발전의 토우카이원전이다. 이 원전이 운전을 개시한 것은 1966년이며 1998년에는 영업운전을 정지하고 폐로가 되었다. 실적이 없는데도 불구하고 운전기간을 40년으로 한 것은 문제라고 할 수 있다. 40년간 설비이용률을 80%로 유지한다는 것은 이상적인 목표이며 어디까지나 명문상의 목표에 불과하다. 현실적인지 여부와는 관계가 없다. 발전비용을 공표할 때에 가장 형편이 좋은 계산결과만을 표시하면 일반 국민은 현실의 원전이 실제로 이 정도의 비용으로 발전할 수 있는 것으로 오해하게 된다.

2) 비공개로 된 근거

또 다른 중요한 점은 계산에서 사용된 조건과 근거, 계산방식을 모두 공개할 필요가 있다는 점이다. 그러하지 않으면 재검증할 수 없기 때문이다.

이 점에서 이전의 정부의 자세는 낙제점수를 받을 수밖에 없었다. 이 장의 서두에 있는 사진은 2002년에 어느 신문기자가 정보공개법에 의거해 원전의 발전비용 계산에 포함된 여러 조건을 공개하도록 요청한 것이다. 이때 나의 견해가 요구되었고 그 자료가 나의 수중에 남게 되었다.

이 자료에서 특히 원자력과 핵연료 사이클에 관련해서는 대부분이 비공개로 되어 문자가 검게 표시되어 있다. 이유는 모르겠지만 전면적으로 비공개된 부분도 있다.

2002년에는 원자력의 발전비용이 국회에서도 논의의 대상이 되었다. 국회는 헌법 제62조에 규정된 국정조사권을 가지고 있다. 그런데 이때에도 원자력의 발전비용, 특히 핵연료 사이클에 관련된 사항은 비공개로 되어 있었다. 이는 검은색으로 표시되지 않고 하얗게 되어 있었는데, 국회에 대해서도 다를 바 없이 똑같이 행하고 있다.

비공개로 된 것은 전력회사가 민간사업자이기 때문이라고 설명하고 있다. 그러나 전기사업은 공익성이 매우 높은 사업으로 전력회사는 지역 독점을 고수하고 있다. 특히 원전비용은 정책결정에 있어 중요한 요소가 되므로 이 계산근거를 완전하게 공시할 수 없다는 것은 합리적이라고 볼 수 없다.

원전사고 후 일반상식과는 괴리된 원자력촌의 실태가 분명해졌다. 발전비용에서 비공개로 된 부분이 그와 같은 비상식인 것을 포함하고 있다고는 생각하고 싶지 않지만 정보를 은폐하면 할수록 국민의 신뢰는 얻을 수 없다고 본다. 공익성이 높은 분야의 정책정보는 오히려 적극적으로 공시할 필요가 있다.

이상에서 본 바와 같이 모델플랜트 방식은 계산에서의 상정(想定) 방법에 따라 금액이 변동하게 된다. 특히 전기사업연합회의 시산(試算)은 공개된 것만 보아도 지나치게 낙관적인 상정을 포함하고 있다.

이 전기사업연합회의 수치가 심의회에서 발표되었고, 나아가 이것이 심의회를 통해 정부의 견해가 되어 버렸다. 이것이 원전 저렴 신화의 근거가 된 것이다. 그래서 나는 모델플랜트 방식이 아니라 실제의 비용을 보고 평가해 보기로 했다.

나는 학창시절부터 무로타 교수의 책과 논문을 습독했으며 1991년에 무로타 교수가 현실의 발전비용을 추계하는 방법을 개발하여 분석하고 있는 것을 알고 있었다[26].

또한 원전문제를 생각할 때 오직 전기를 창출하기 위한 비용을 보는 것만으로는 원전비용의 전체상을 알 수 없다고 생각하기에 이르렀다. 그래서 2000년경부터 자신의 견해를 정리하여 원전비용의 전체상을 시산하게 되었다. 원전과 관련하여 실제 국민이 얼마나 부담하고 있는지를 계산해 보기로 했다.

2. 원전의 발전비용이란 무엇인가

원전의 비용을 생각할 때에 몇 가지의 단계로 나누어 생각할 필요가 있다. 우선 발전비용에 대해 살펴보면 발전에 직접 소요되는 비용과 백엔드비용으로 나눌 수 있다.

첫째, 발전에 직접 소요되는 비용인데 이에는 연료비, 건설비(감가상각비), 운전유지비 등이 포함된다. 발전에 직접 소요되는 비용은 어느 발전방식이라도 필요하며 항목은 공통이다. 이들 항목의 비용을 우리들은 전기요금을 통해 부담한다. 이것을 알 수 있다면 발전방식별로 발전에 직접 소요되는 비용을 얻을 수 있다.

이 실적치는 전력회사에 따라 공표되어 있는 것이 가장 정확하다. 전력회사가 가장 많은 데이터를 가지고 있으므로 당연한 일이다. 그런데

---

26. 그 중에서도「原発の経済学」(朝日文庫, 1993, 원래는「原子力の経済学」, 日本評論社, 1981)과「電力自由化の経済学」, 寶島社, 1993은 대단한 명저이다.

표 3-1 원전의 비용

	구분	내용
발전비용	발전에 직접 소요되는 비용	핵연료, 감가상각비(건설비), 운전유지비 등
	백엔드비용	사용완료연료, 방사성 폐기물 처분비용, 시설의 폐지비용
사회적 비용	정책비용	연구개발비용, 입지대책비용
	사고비용	사고수습비용, 손해배상비용

일본에서는 발전소별로 발전에 직접적으로 필요한 비용이 공표된 적이 없다.

둘째, 원전에는 발전에 직접 필요한 비용뿐만 아니라 핵연료를 사용한 후에 발생하는 비용이 있다. 이것을 백엔드비용이라 한다. 발전에 직접 소요되는 비용과 백엔드비용을 합하여 발전비용이라 한다. 백엔드라는 말은 자주 듣는 용어이다. 원자력업계에서는 우라늄 연료를 사용하기까지를 프런트엔드라고 하고 원자로 내에서 사용한 후의 과정을 백엔드라고 한다.

이 백엔드비용은 원자력 특유의 것으로 다른 발전방식에는 사용되지 않는다. 발전 후에 사용후 핵연료에 포함된 대량의 방사성 폐기물의 처분을 위한 비용이다. 방사성 물질을 사용하는 원자력발전에 필연적으로 소요되는 비용이다.

후쿠시마 원전사고에 의해 이미 일반시민에게도 충분히 알려져 있듯이 핵연료는 사용이 완료되어도 강한 방사선을 방출한다. 동시에 열도 발생시키기 때문에 장기간 냉각해 두어야 한다. 열이 대량으로 방출되는 동안에 물로 냉각할 필요가 있으며, 이때 많은 시간을 필요로 한다.

그래서 우선은 사용후 핵연료를 안전하게 보관해야 한다. 그 이후 사용후 핵연료의 일부를 리사이클하느냐 마느냐의 여부에 따라 사용후 핵연료의 처리·처분과정이 달라진다. 리사이클하는 경우는 재처리라는 과정을 거친다. 어느 경우이든 마지막에는 땅속에 매설한다. 간단하게 말하면 흙 속에 묻는 것이다. 물론 밖으로 유출되지 못하도록 안전하게 흙으로 묻을 필요가 있다.

1) 재처리비용은 본래 필요하지 않다

〈표 3-1〉의 백엔드비용에는 사용후 핵연료의 재처리비용이 포함되어 있다. 일본에서 재처리비용이란 사용후 핵연료에서 플라토늄을 추출하는 데 드는 비용을 의미한다. 즉, 재처리를 하지 않으면 그로 인한 비용은 필요 없다. 고준위 방사성 폐기물과 초우라늄원소(TRU) 폐기물은 그 대부분이 재처리에서 나오기 때문에 재처리하지 않으면 그만큼의 비용도 필요가 없어진다.

일본은 사용후 핵연료를 모두 재처리하는 것을 기본방침으로 하고 있다. 후쿠시마 원전사고 이후에도 그 방침은 변함이 없다. 그로 인해 재처리비용과 재처리에 부수하는 고준위 방사성 폐기물 등의 처분비용이 필요하게 된다. 즉 재처리비용은 본래 원자력발전에 절대적으로 필요한 것은 아니지만 일본이 정책으로 선택을 했기 때문에 지급해야 하는 비용이 되고 있다.

2) 백엔드비용은 미지수

더욱이 원자력발전소의 경우 수명이 다하여 폐로가 되어도 비용이 추가적으로 소요된다. 시설의 일부는 방사성을 띠고 있으며 방사성 폐기물로서 처분해야 한다. 우선 몇 년간 방치하면서 방출되는 방사선량이 어느 정도 줄어드는 것을 기다린다. 그 이후에 해체를 한다. 해체라고 해도 간단하지는 않다. 원래 원전은 파괴할 것을 예상하여 만들지 않기 때문이다. 해체로 방출된 폐기물 중 강한 방사선을 방출하는 것은 방사성 폐기물로서 처분한다.

일본에서 폐로처리가 끝난 원전은 아직 없다. 폐로에는 몇 십 년이 소요될 것으로 보인다. 금전적 측면에서 보면 이는 막대한 비용을 필요로 한다. 이들의 백엔드비용을 국민이 부담하는 전력요금을 통해 충당하고 있다. 전력회사가 공표하고 있는 유가증권보고서에 이 내용이 기재되어 있다.

나는 원전의 폐기물 처리비용과 폐로비용(원전을 폐지할 때의 비용)이 어떻게 되어 있는지, 부족한 것은 아닌지에 대해 질문을 받는 경우가 있다. 사실 제5장에서 설명하는 바와 같이 폐기물 처리비용과 폐로비용은 이미 징수되고 있다. 징수액에는 일정한 근거가 있다. 그러나 징수되고 있는 금액으로 실제로 충분한지의 여부는 아무도 모른다.

실제로 백엔드비용은 지금까지도 필요할 때마다 전기요금에 점차 추가되게 되었다. 현재도 정책 수행시 필요한 금액을 모두 징수하고 있는 것이 아니므로 향후 필요해질 비용은 증가할 것으로 보인다. 장기간 막대한 비용을 부담하고 있는 백엔드비용은 세금과 비슷하다. 이 계략을 국민 모두가 이해할 필요가 있다. 이에 대해서는 제5장에서 상세히 설명한다.

3. 실제 발전비용의 계산

발전비용, 즉 발전에 직접 소요되는 비용과 백엔드비용의 실제 수치의 계산방법은 무로타 교수가 개발했다. 무로타 교수의 방법은 경제산업성이 정한 요금산정규칙[27]에 의거하고 있다. 이 규칙에는 발전원가에 이윤을 부가한 금액을 회수할 수 있도록 하는 전기요금이 규정되어 있다. 단순하게 말하면, 전기요금에 의해 회수되는 금액 = 영업비용 + 사업보수이다.

전력회사는 영업비용(발전에 소요되는 여러 비용)과 사업보수(지급이자와 이익)를 전기요금에 전가하고 있다. 여기서, 영업비용은 (감가상각비(건설비) + 연료비 + 운전유지비) 등이 된다.

건설비, 연료비, 운전유지비가 포함되므로 영업비용에는 기본적으로 발전에 관련되는 비용이 모두 계산된다. 또한 영업비용에는 재처리비용과 방사성 폐기물 처분비용이 포함된다. 다만 이들은 향후 필요해질 전액이 아니라 일부가 부과되는 것이다. 또한 사업보수는 (자산액×보수율)로 계산된다.

사업보수는 전력회사의 이익과 금융기관에서 빌린 금전의 지급이자이고 자산액은 발전에 필요한 자산[28]이다.

보수율은 이전에는 8%였지만 지금은 3% 정도이다. 보수율의 계산방법은 결정되어 있지만 수치는 전력회사에 따라 약간의 차이가 있다.

---

27. 일반전기사업공급약관 요금산정규칙. 이것은 전력회사가 무엇이든 전기요금의 원가에 포함하게 되면 이용자에게 불이익이 있게 되므로 경제산업성이 무엇을 각 전원의 원가로서 산입해도 되는지를 성령(省令)으로 규정하고 있는 것이다.
28. 특정고정자산, 건설중의 자산, 핵연료자산, 운전투자, 이월상각자산으로 구성되어 있다.

이 식의 의미는 매우 간단하다. 자산액에 보수율을 곱한 것을 사업보수로 하고 전력요금에서 공제해 가는 것이다. 전력회사가 이익을 보증받고 있다는 일반적인 견해가 존재하는 것은 이와 같은 구조가 있기 때문이다.

이상과 같이 영업비용과 사업보수를 합한 것의 총액을 전기요금으로 전가하는 방법을 총괄원가방식이라고 한다.

4. 총괄원가방식의 조작

총괄원가방식이라는 요금체계는 일반기업에서는 있을 수 없다. 일반기업은 비용과 이윤을 누적하여 상품가격을 설정하는 것이 아니라 시장에서 결정하는 가격을 근거로 비용을 줄여 이익을 확보한다. 이익이 발생하지 않는 경우도 있다. 그런데 전력회사는 사업과 관련한 모든 비용과 사업보수를 미리 전기요금에 포함시키고 있다. 이와 같은 총괄원가방식은 어떤 의미로는 일반상식과는 다르기 때문에 비판을 받는 요인이 된다.

비판 중 한 가지는 사업보수의 근거가 되는 자산액이 많으면 많을수록 이익이 많은 것은 아닌지, 그로 인해 자산액이 되는 고정자산을 의도적으로 보다 많이 가지게 되는 것은 아닌지 등이다. 즉, 사업보수를 올리기 위해 대규모 발전소를 건설하는 것은 아닌지, 특히 원전은 그러하지 않은지 등이다. 분명히 자산액이 증가하면 할수록 사업보수가 많아지게 되므로 그러한 경향이 없다고는 할 수 없다.

그러나 자산액을 의도적으로 증가시켜 사업보수를 늘리고 있다고는 할 수 없을 것이다. 오히려 원전과 같은 거액의 투자를 필요로 하는 전원을 늘려도 그로 인한 비용을 문제없이 조달할 수 있다는 점에 이 구조의 의미가 있다.

그러면 총괄원가방식을 왜 채택하고 있는 것일까. 여기에는 타당한 이유가 있다. 전기사업은 발전소와 송전망 등 거액의 고정자산을 필요로 한다. 건설기간도 길어 장기간에 걸쳐 비용을 회수한다. 이러한 설비를 계획적으로 정비하기 위해 전력회사는 거액의 자금을 조달해야 한다. 이에는 거액의 이자가 소요된다. 그 한편으로 전력회사에는 전기의 안정공급 의무가 부과된다.

이러한 공공성이 높은 사업을 안정적으로 계속하기 위해 발전에 소요되는 비용과 지급이자를 미리 보증해 둘 필요가 있다. 그래서 생각할 수 있는 것이 총괄원가방식이라는 것이다. 따라서 총괄원가방식을 채택하고 있는 것이 완전히 부당하다는 것은 아니다. 외국에서도 일부 유사한 제도가 채택되고 있다.

총괄원가방식은 전력자유화 이후 소액의 전력소비자를 대상으로 한 전기요금 설정 시 사용되고 있다. 대다수의 전력소비자를 위해서는 이미 전력회사와는 별도의 발전사업자와 경쟁하고 있으므로 총괄원가방식이 사용되지 않는다.

1) 과대한 비용의 신고

총괄원가방식이 정당성을 가지는 것은 영업비용과 사업보수가 적절하게 계산되고 있을 때에 한정된다. 원전사고 후 막대한 배상책임을 부담하게 된 도쿄전력의 경영은 사실상 파산했다. 이를 계기로 도쿄전력에 관한 경영·재무조사위원회가 도쿄전력의 경영상황을 조사했다. 이때 현행의 총괄원가방식에 중대한 결함이 있다는 것을 알게 되었다.

우선 비용을 과대하게 견적하고 있는 것은 아닌지에 대해 보기로 한다. 전력회사는 전기요금을 설정할 때 경제산업성에 승인을 요구한다. 2001년부터는 전기요금의 인하를 개정할 경우에 신고만으로 충분해졌다. 신고 시 경제산업성은 전기요금의 원가와 이윤에 대해 상세한 심사를 하지 않는다. 그로 인해 경제산업성에 신고된 원가가 실제로 소요되는 원가를 반영하고 있는지 확인되지 않았다. 그러면 신고 시의 비용과 실제의 비용은 같은 것일까. 실제로는 이 양자에는 커다란 차이가 있었다. 신고 시와 실제의 요금원가의 차이는 10년 만에 6,186억 2,800만 엔에 이르렀다. 즉, 6,000억 엔을 초과하는 금액이 추가적으로 징수된 것이다.

물론 경영합리화를 통해 6,000억 엔을 발생하게 한 것일 수도 있다. 그러나 대개의 경우 신고액과 커다란 차이가 있는 것이므로 원래의 신고액이 적정하지 않았다고 할 수 있다[29].

2) 총전력화 등의 선전비용, 기부의 산입

두 번째는 전기사업에 꼭 필요하다고 할 수 없는 비용을 영업비용에 포함시켜 전기요금으로 징수하고 있었던 것이다. 경영재무조사위원회는 이 점에 대해서도 지적하고 있다. 전력회사의 영업비용에 포함되어 있는 보급개발 관계비와 제경비에 전기사업에 있어 필수불가결하다고 할

29. 도쿄전력에 관한 경영·재무조사위원회, 위원회보고, 2011.10.3, p.127.

수 없는 요소가 포함되어 있었다. 보급개발 관계비는 도쿄전력만으로 269억 엔이 되었다(2010년도). 원전사고 후의 주주총회에서 명시한 바에 따르면 도쿄전력의 2010년도의 홍보선전비는 약 116억 엔에 이르렀다. 이것은 모두 전력요금에서 나온 돈이다.

좀 더 상세하게 보기로 한다. 보급개발 관계비에는 총전력화 관련 홍보비와 전기사업연합 등의 단체로의 기부금, 연구비, 도서비 등의 소모품비, 복리후생비, 전기사업연맹 등의 각종 단체에 대한 갹출금, 출장자의 인건비 등 여러 항목이 포함되어 있다[30].

후쿠시마 원전사고 전에 총전력화는 원전이 안전하며 환경문제 해결에 도움이 된다는 것과 함께 선전되었다. 이른바 원전의 이미지 선전이다. 원래 지역독점이 허용되고 있는 전력회사에 거액의 홍보비가 필수적이라고는 할 수 없다. 홍보비는 원자력의 안전성을 국민에게 각인시키기 위해 사용된 것이다. 또한 매스컴에의 영향력을 유지, 확대하는 수단으로서도 기능해 왔다고 할 수 있다.

연구비도 전력소비자에게 필요한 것이라면 상관없지만 그렇게 되지 않고 있다. 전력회사가 설립한 전력중앙연구소에는 매상의 일정비율이 나누어진다. 어느 연구에 얼마만큼 필요하므로 이 금액이 된다는 설명도 없다. 대략적인 계산이다.

전력중앙연구소(전중연)에서는 자주 원자력 추진을 위한 연구가 이루어지고 있는데 순수하게 전기사업의 발전을 위해 이루어지고 있다고는 말할 수 없는 연구들도 많이 있다. 그 대표적인 것은 방사선 보호와 관련된 것이다. 2012년 7월에 발표된 국회사고조사위원회 보고서에서는

30. 상게 보고, p.133.

전중연의 연구목적에 방사선 보호기준의 엄격화를 저지하는 요소가 포함되었다고 지적되고 있다[31]. 연구개발 비용을 전기요금의 원가에 포함시키려면 국민에게 상세한 설명을 할 필요가 있을 것이다.

3) 지자체에 대한 기부, 업계단체에 대한 갹출금

전기사업연합회 등 업계단체에 대한 갹출금은 제경비에서 산출되는 것이다. 전기사업연합회는 전력 10개사로 구성되는 전력회사 관계단체이다. 이 전기사업연합회 단체는 전력회사의 별동대적인 단체이며 홍보 활동과 정보수집 활동을 통해 원자력을 추진하고 있다. 전력회사가 정치헌금에 대해 자숙하고 있는 가운데 전기사업연합회를 통해 정치가의 파티권 구입이 이루어지고 있다는 보도도 있다. 업계단체를 설립하는 것은 전력회사의 자유이지만 이를 전기사업에 필수적인 요소로 취급하면서 전기요금을 통해 비용을 회수하는 것이 허용되어서는 안 된다[32].

또한 전력회사는 입지 지자체와 각종 단체에 기부를 하고 있다. 특히 원전과 관련된 기부액은 매우 크다. 후술할 비용검증위원회는 전력회사에 대해 전원별로 기부 금액의 실적을 제출하도록 요구했지만 기부처에 영향을 미친다는 이유로 전원별로는 제출되지 않았다. 기부는 반대급부를 기대하는 것이 아니라는 설명까지 있었다.

그러나 실제로는 반대급부를 기대하게 한다. 전원입지지역, 특히 원

---

31. 동경전력후쿠시마원자력발전소 사고조사위원회, "보고서", 2012, p.523(http://www.go.jp/pdf/naiic_honpen.pdf).
32. 신문 아카하다, 1993. 11.3.(http://www.jco.or.jp/akahata/aik11/2011_10_09/2011100901_01_1.html), 아사히신문, 1993.11.3.

전입지지역에 대해 전력회사로부터 거액의 돈이 기부되고 있다. 예컨대 아직 건설되지 않은 중국전력의 카미노세키원전(야마구치현)의 건설예정 지역에서는 장기간 동안 지자체에 거액의 돈이 기부되었다. 2010년에는 카미노세키 마을에 2억 엔의 기부가 있었다고 한다. 카미노세키 마을의 세수(稅收)는 2억 5,000만 엔 정도이므로 그에 필적하는 규모가 기부로 들어온 것이 된다. 카미노세키 마을은 이것을 지역진흥권(지역에서 사용하는 상품권)으로 바꿔 지역주민에게 배부했다. 이와 같은 기부는 물론 원전의 입지를 원활하게 진행하기 위한 것이다. 기부의 대가를 요구하지 않기는커녕 입지라는 대가를 획득하기 위한 기부이다. 이와 같은 기부가 전국적으로 이루어지고 있다. 기부는 지자체 외에도 어협 등의 각종 단체에도 이루어지고 있는 것으로 보인다. 실태는 오리무중이다.

이것이 발전비용으로서 전기요금에 자동적으로 편입되고 있다. 거액의 돈을 작은 지자체에게 제공하고 원전용인의 의견을 의도적으로 형성해 가는 것이 논리적으로 허용되는가?

4) 이익의 과잉취득

경영조사위원회의 보고서에 따르면 전기요금에서 징수하는 사업보수 부분도 과다징수했다. 원래 사업보수는 사업을 유지하기 위해 지급이

표 3-2 사업보수의 계산

사업보수의 신고액	3조 5,958억 엔
이자와 배당금의 지급	2조 7,498억 엔
− 이익잉여금의 확보	4,826억 엔
잔액=이익의 과잉취득	3,634억 엔

자와 적절한 이익을 보증하는 것에 그 목적이 있었다.

그런데 이자와 이익을 공제해도 방대한 금액이 추가적으로 징수되었다. 〈표 3-2〉의 식을 보자. 2000년도부터 2009년도에 사업보수액으로 경제산업성에 신고된 금액의 합계는 3조 5,958억 엔이었다. 이는 본래 이자와 배당금에 충당된다. 이것이 본래의 목적이다. 그런데 이 이자와 배당금의 합계액은 2조 7,498억 엔밖에 되지 않았다. 더욱이 도쿄전력은 이 시기에 4,826억 엔의 이익잉여금을 확보하고 있었다. 이는 사업보수에서 얻은 것으로 볼 수 있다. 여기에서 4,826억 엔도 공제해 보자. 그러면 잔액 3,634억 엔이 남는다. 이 금액이 과잉징수된 이익금이다. 원래 이익이 확보되어 있을 뿐만 아니라 그 이상의 금액이 획득된 것이다.

5. 발전비용의 계산

지금까지 총괄원가방식과 그 문제점을 언급해 왔다. 지금부터는 발전비용 계산으로 화제를 돌리고자 한다.

발전비용(kWh)은 영업비용과 사업비용을 합계한 금액을 그 해의 발전량으로 나누어 구할 수 있다. 영업비용을 총발전량으로 나누어도 되지만 여기서는 원전과 관련한 국민의 부담을 보기 위해 사업보수 부분도 포함하여 계산할 것이다.

즉 다음과 같이 계산한다.

발전비용＝(영업비용＋사업보수)÷발전량

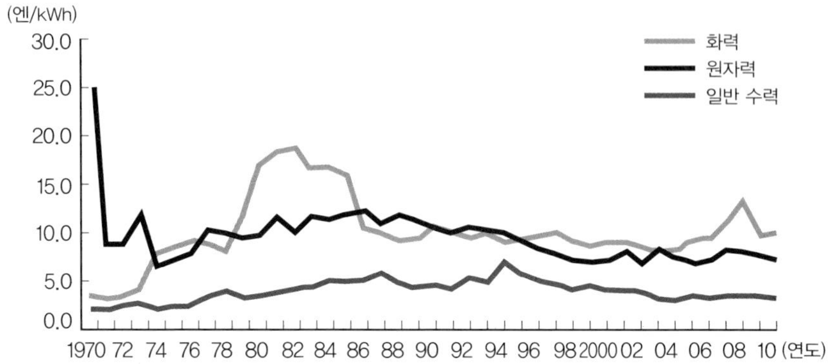

그림 3-2 각 전원의 발전비용 추이(9개 전력회사 평균)

1) 실제 발전비용은 얼마인가

그러면 실제의 비용을 보기로 한다. 우선 발전비용의 역사적 추이의 특징을 설명하겠다. 〈그림 3-2〉에 나타나 있는 바와 같이 전력 9개사의 평균으로[33] 일관하여 세 가지 전원 중 수력(일반수력)이 가장 저렴하게 나타나 있는 것이 특징이다. 이 점은 정부가 발표한 발전비용과는 다르다.

1990년대 중반 원자력은 안정되어 있었지만 다른 전원과 비교하여 항상 뛰어났었다고는 말할 수 없다. 1986년도부터 1993년도의 기간 동안 원자력은 가장 비싼 전원이었다. 또한 2000년대 전력회사의 고의적인 데이터 수정이 발각되어 그것을 계기로 많은 원자력발전소가 장기간 정지했다. 그 영향으로 발전비용이 상승하고 있는 부분도 보인다.

원자력의 설비이용률은 1970년대는 50%, 1980년대는 70%였다. 1990년대 후반에 80%로 높아지지만 2000년 이후 낮아져 70% 전

33. 전력 9개사에 대해 1970년부터 2010년까지 계산하고 있다. (주)일본원자력발전이라는 원전전문의 전력회사도 있지만 협력을 얻을 수 없어 과거에 소급하여 유가증권보고서를 취득할 수 없었다.

후가 되었다.

원자력의 발전비용은 평균 8.53엔이다. 한편 화력은 석탄 또는 석유, 천연가스로 비용에 차이가 있겠지만 유가증권보고서 총람에서는 구별할 수 없다. 모두 정리한 평균이 9.87엔이다. 수력이 3.86엔으로 가장 저렴하다.

지금까지의 내용을 정리해 보면 원자력은 반드시 가장 저렴한 전원이 아니며 설비이용률과 사회적, 자연적 조건에 따라 크게 변화된다고 볼 수 있다. 여기서는 자세한 계산결과를 제시하지 않지만 실제로는 전력 9개사에 대해 개별로 계산을 해 본 결과 토호쿠전력, 호쿠리쿠전력, 추고쿠전력에서 화력보다 높은 곳도 있었다.

2) 불투명, 불확실한 비용

여기서는 1970년부터 2010년까지 발전비용을 계산해 보았다. 이 계산에서는 전력회사가 산출하고 있는 공식정보가 데이터의 근거가 된다. 그렇다면 이것에 모든 발전비용이 산입되어 있는 것일까. 실제로는 그렇지 않다. 특히 원전에 대해서는 공개되지 않는 정보도 있다. 즉 불투명한 비용이 있다고 할 수 있다.

예컨대 전력회사가 입지 지자체에 지급하는 기부금은 어떻게 될까. 이와 같은 부류의 금전이 발전에 직접 소요되는 비용인지 여부는 별도로 하더라도 일본의 전력회사가 지급한 것은 사실이다. 원전이 입지하고 있는 지자체에 익명으로 몇 억 엔의 금전이 기부될 때가 있다. 또한 정부의 심의회와 위원회의 위원인 원자력관계의 학자에게 거액의 기부가 이루어지고 있는 것도 각종 보도에서 알 수 있다.

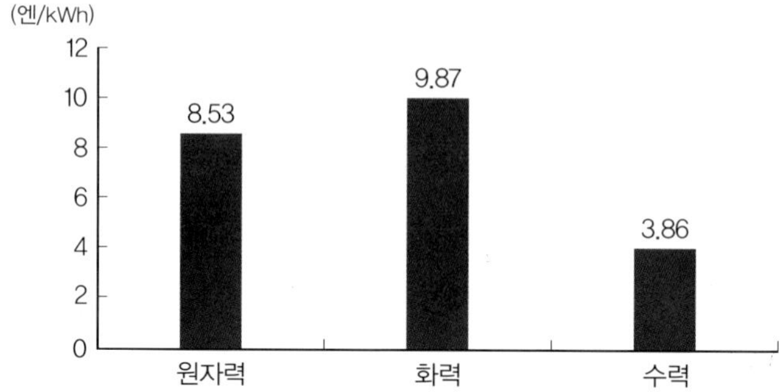

그림 3-3 실제 발전비용

그러나 전력회사는 일단 어떤 단체, 개인에게 어느 정도의 기부를 하고 있는지를 완전히 밝히지 않고 있다.

이와 같은 것은 주주총회에서 문제가 되는 경우가 있다. 후쿠시마 원전사고 후 전력회사에 대한 비판이 고조되었다. 간사이전력의 주주총회에서도 일부의 주주로부터 정보를 공시할 것, 불투명한 기부를 행하지 않을 것을 요청받고 있다. 그런데 간사이전력은 "기부금의 지출에 있어서는 공익사업으로서의 입장을 근거로 공익으로의 기부, 지역사회에의 공헌 등의 관점에서 해당 기부의 취지를 신중하게 고려하고 대처하고 있다. 개별의 기부실적의 공시에 대해서는 상대방과의 관계와 향후의 업무수행상 지장이 될 우려가 있으므로 행하지 않고 있다[34]." 등으로 설명하고 있다. 공표할 마음은 전혀 없는 것 같다.

또한 불투명하다기보다는 불확실한 비용도 있다. 이것에 대해서는 제5장에서 상세하게 설명하지만 대표적인 것으로 백엔드비용(사용완료 연료의 처분비용과 폐로비용)을 들 수 있다. 이 비용의 대부분은 나중에 발생

34. 간사이전력, "제88회 정시주주총회소집의 통지", 2012.6.7.

한다. 백엔드비용은 국가의 정책을 결정할 때에 시산되는 일은 없지만 실제로 도대체 얼마나 소요되는지를 현 시점에서 확실하게 알 수 없다. 결국은 나중에 보지 않는 한 알 수 없다는 것이 현재 상황인 것이다.

6. 전력회사에서 원전이란

그러면 향후 원전의 비용은 어떻게 될 것인가.

원전으로 대사고가 아니더라도 중소규모의 분쟁은 상당히 많이 발생하고 있다. 후쿠시마 원전사고 후 원전에 대한 국민의 시선은 매우 날카로워졌다. 지금까지와 달리, 원전이 입지한 지자체만의 이야기가 아니다. 대사고가 발생하면 입지한 지자체만의 피해에 그치지 않기 때문이다. 분쟁이 있을 때 국민적 논의도 제기될 것이다.

원래 원전의 설비이용률은 그렇게 높지 않았다. 정부와 전력회사는 설비이용률을 80% 또는 90%로 하고 있지만 이것은 어디까지나 목표치에 불과하다. 실제로 40년간의 평균은 70%정도밖에 되지 않는다. 높은 설비이용률을 달성할 수 있다고 주장하는 거짓에 불과하다.

사회적 상황에서 보면 향후 설비이용률은 낮아질 것이다. 그렇게 되면 원전의 발전비용은 상승하게 된다. 전력회사로서도 경제성이 악화된다.

그 결과 어떻게 되는가. 원전의 경제성이 악화되면 전력회사 전체의 경영에 영향을 미친다. 그 결과 원전을 정지하는 것이 아니라 오히려 원전을 더욱더 가동하려고 할 수도 있다. 당연한 이야기지만 경제성보다도 안전성이 최우선시되어야 하는데 지금까지는 그렇게 되지 않고 있다.

국회 사고조사위원회의 보고서[35]에 따르면 도쿄전력은 안전대책에 막대한 비용이 전망되는 경우와, 원전의 가동률을 저하시키는 대책을 시행해야 하는 경우에는 규제와 지침을 완화하거나 대책 등을 지연했다고 지적하고 있다. 이와 같은 것은 특히 도쿄전력에 국한된 것은 아니라고 보아야 할 것이다.

향후 무엇보다도 안전성을 최우선으로 해야 하지만 전력회사에 있어 경제성과 안전성은 이율배반의 관계에 있다.

이 장을 통해 원전의 저렴한 신화에 대해 검토해 왔다. 이상에서 언급한 바와 같이 원전의 저렴한 신화는 이른바 원전비용 중 지금 알고 있는 비용만을 산출하여 좋은 상황을 가정하고 계산한 수치에 기반하고 있다고 할 수 있을 것이다. 또한 여기서는 전력회사로서의 발전비용만을 문제로 삼고 있다. 이것은 사회 전체가 부담하고 있는 비용을 포함하는 원전비용이 아니지만, 이 원전비용만을 보아도 원전이 저렴하다고는 할 수 없을 것이다.

7. 사회적 비용을 포함한 원전비용

지금까지 원전비용에 대해 논의했다. 이것은 전력회사가 전기요금에서 지급한 비용이다. 그러면 이 전력회사가 지급하고 있는 발전비용은 원전비용이라고 할 수 있을까.

35. 국회·동경전력 후쿠시마 원자력발전소 사고조사위원회, "보고서", 2012, p.534(http://www.naiic.jp/blog/2012/07/06/reportdl2/).

원자력은 국책으로서 추진된 에너지이다. 국책을 수행하기 위해 거액의 재정자금이 투입되고 있다. 우선 원자력 기술의 연구개발 비용이 필요하다. 더욱이 원전이 원전을 받아들이게 하기 위해 특정 지자체에 교부금을 지급하고 있다. 이 교부금은 모든 국민이 지급하고 있는 세금이 재원이 되고 있다.

사고가 발생하면 더욱더 돈이 필요해진다. 우선 사고수습에 돈이 필요하다. 도쿄전력은 사고수습 대책을 시행하고 있지만 경영이 파산하여 국유화되었다. 국유화하는 돈도 국민이 부담하고 있다.

사고수습 이외에도 피해자에 대한 손해배상이 필요하다. 이것도 도쿄전력이 자력으로 지급할 수 없게 되어 도쿄전력을 지원하기 위해 원자력손해배상지원기구가 신설되었다. 지원기구를 통해 거액의 자금이 도쿄전력에 흘러들어가고 있다.

이들은 원전 이용 시 필요한 비용이다. 그런데 이 비용이 전력회사의 부담이 아니라 사회의 부담이 되고 있다. 이와 같은 사회의 부담이 되고 있는 비용을 사회적 비용이라고 한다. 원전의 경우 사회적 비용은 매우 커질 것이다.

이 사회적 비용에 관해서는 몇 가지 생각해야 할 것이 있다. 첫째는 금액이다. 여기에는 지금까지 도대체 얼마나 소요되었는가 하는 현 시점까지의 이야기와 앞으로 얼마가 소요되는가 하는 향후의 이야기가 있다. 양쪽 모두 중요하다. 둘째, 왜 이와 같은 사회적 비용이 소요되었는지 생각해야 한다. 사회적 비용의 원인 분석을 통해 사회적 비용을 회피하는 방법을 강구할 수 있다.

원전의 비용은 이와 같은 사회적 비용에 관련되는 사항을 전체적으로 살펴봐야 명확해진다. 다음 장에서는 원전의 사회적 비용을 살펴본다.

제4장

원전비용의 진실

1. 원전의 사회적 비용
2. 현저해지는 사고비용
3. 사고발생확률을 어떻게 볼 것인가
4. 비용검증위원회의 사고비용의 한계
5. 제염비용
6. 사고는 수습되었나
7. 사고비용을 어떻게 볼 것인가

1. 원전의 사회적 비용

'원전의 비용'은 발전에 드는 비용, 즉 좁은 의미의 '발전비용'만 보고서는 알 수 없다. 원전비용의 전체적인 틀을 파악하기 위해서는 원전 이용에 부수되어 필연적으로 소비되는 비용을 알 필요가 있다. 이러한 비용은 전력회사가 아닌 사회가 부담하고 있는데 이렇게 사회가 부담하는 비용을 '사회적 비용'이라 부른다[36]. 원전에는 이러한 사회적 비용이 굉장히 많이 든다. 이를 고려해 봤을 때 '원전의 경제성'이란 과연 존재하는가, 나는 후쿠시마 원전사태 이전부터 이러한 문제를 제기해 왔다.

원전과 관련한 사회적 비용은 '정책비용'과 '사고비용'으로 나누어진다.

정책비용은 제2장에서 이미 설명한 바와 같다. 국가는 연구개발비나 입지대책비용을 전원개발촉진세를 주요 재원으로 하여 지불하고 있다. 전원개발촉진세는 전기요금과 함께 징수되고 있는데 그 금액은 전기요금 명세서에 명시되지 않기 때문에, 많은 사람은 자신이 지불하고 있다는 사실조차 모르고 있는 것이 현실이다.

---

36. 사회적 비용론은 환경경제학의 선구자인 K. W. Kapp이 주장한 개념이다. 상세한 내용은 다음의 문헌을 참고. Kapp, W. K. (1950) The Social Costs of Private Enterprise, Cambridge, Harvard University Press(藤原泰三訳『私的企業と社会的費用－現代資本主義における公害の問題』岩波書店, 1959年).

다음으로 사고비용을 들 수 있다. 원전사고가 발생하면 이미 본 바와 같이 막대한 피해가 발생한다. 원자력을 추진하든 하지 않든, 그 비용을 심각하게 고려할 필요가 있을 것이다.

본래 정부와 전력회사들은 후쿠시마 원전사태와 같은 대규모 사고가 발생할 확률이 매우 낮다고 주장했었다. 그런데 후쿠시마 원전사고가 실제로 일어나 버렸다. 사고비용이 가상이 아닌 현실이 되어 사고에 수반하는 비용들을 이제 원전의 비용으로 간주하게 되었다.

1) 정책비용과 원전

먼저 원전의 정책비용에 대해 생각해 보자. 정책비용에는 '연구개발비용'과 '입지대책비용'이 있는데, 양쪽 모두 거액의 자금이 필요하다.

원자력과 관련한 재정 구조는 제2장에서 한 번 설명했다. '일반회계의 에너지 대책비'에서 기술한 바와 같이, 일반회계에서는 에너지 대책비의 97% 정도를 원자력이 차지하고 있으며 특별회계에서도 태반이 원자력관련 항목으로 메워져 있다.

제2장에서 계산한 결과를 발전비용(1kWh당)으로 환산해 보면 40년 평균으로 원자력 정책비용은 〈표 4-1〉과 같이 된다.

이를 보면 알 수 있듯이 연구개발비용에 1.46엔, 입지대책비용에 0.26엔이 소비되고 있다. 이것이 국가가 원자력을 위해 지불하고 있는 금액이며, 합치면 1.72엔이다. 즉, 국민은 자신도 모르는 사이에 원전에 돈을 내고 있는 것이다.

이와는 대조적으로 화력의 경우 연구개발비용이 0.01엔, 입지대책비용이 0.03엔인데, 이 둘을 합치면 원자력의 약 40분의 1 수준인 0.04엔

표 4-1 전원별 정책비용

(단위 : 엔/kWh)

	연구개발비용	입지대책비용	합계
원자력	1.46	0.26	1.72
화력	0.01	0.03	0.04
일반 수력	0.04	0.01	0.05

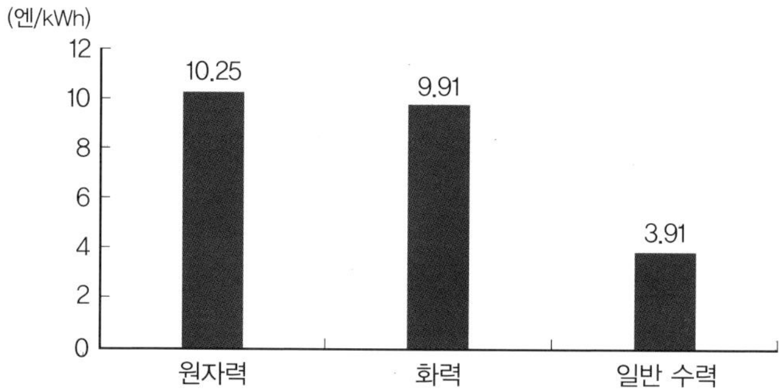

그림 4-1 실제 발전비용(정책비용 포함)

이 된다. 이 밖에 수력도 들 수 있는데 연구개발비용이 0.04엔, 입지대책비용이 0.01엔이므로, 화력과 수력을 합쳐도 원자력의 10분의 1에도 미치지 않는 상황이다.

이는 원자력에는 이만큼 '보이지 않는 보조금'이 존재한다는 사실을 의미한다. 다시 말하면 원자력만 특별우대 조치를 받고 있다는 것이다. 다른 전력들과 비교했을 때 후한 기술 개발이나 입지대책을 지원받고 있는 것이다. 국민들이 모르는 사이에 거액의 보조금이 원자력에 사용되고 있다. 이는 다른 전원(電源)들과는 현저히 다른 대우를 받고 있는 것이다.

〈그림 3-2〉에 예시되어 있는 각 전원(電源)마다 소비되는 발전비용에 정책비용을 더하면 원자력은 10.25엔이나 되어 버린다. 이는 전기요금

뿐만이 아니라 세금도 포함하여 국민이 지불해 온 금액이다. 이와 비교하여 화력은 9.91엔, 일반수력은 3.91엔이다.

원자력은 정책비용을 포함하면 가장 비싼 전원이다. 즉 국민의 입장에서 보면 사고가 발생하지 않았을 때에도 원전이 가장 비쌌다고 할 수 있다.

2) 우대조치 때문에 저렴해 보인다

사고비용을 제외한, 즉 대규모 사고가 일어나지 않을 것이라고 가정하더라도 정책비용을 포함하면 원자력은 가장 비싼 전원이다.

그렇다면 원전은 비용이 높은데도 왜 이용되는 것일까. 또한 후쿠시마 원전사고에도 불구하고 왜 전력회사들이 이용하려고 하는 것일까. 해답은 간단하다. 그 이유는 전력회사가 지불하는 비용(=발전비용)이 진짜 비용의 일부에 지나지 않는데다가 모든 비용을 전기요금의 원가로서 국민들에게 전가할 수 있기 때문이다. 원전에는 앞서 말했듯이 정책비용, 즉 기술 개발비용과 입지대책비용이 필요하다. 하지만 이 출처의 대부분은 국가 재정이다. 그만큼 전력회사가 부담하는 비용은 적어지는 것이다.

원자력은 기술 개발도 국가가 모두 해주는데, 이는 일반 민간기업으로서는 생각할 수 없는 일이다. 미래에 필요할 기술을 국가가 부담하여 개발해 주므로 이처럼 편한 일은 또 없다. 게다가 입지정책에 필요한 비용마저 국가가 대부분 부담해 준다. 이런 경우를 다른 산업에서 볼 수 있을까? 일본의 주요산업인 자동차산업에서 국가가 차세대 자동차 개발에 수십 년에 걸쳐 매년 수천 억 엔씩 투자할까? 자동차 제조공장을 설립한다고 국가가 자치단체에 돈을 줄까?

물론 불가능한 일이다. 어느 사업에서나 마찬가지이다. 하지만 전력, 특히 원자력 분야에서는 이러한 일이 실제로 일어나고 있는 것이다. 이 돈의 출처는 모두 국민인 것이다. 그야말로 국민이 부담하기 때문에, 전력회사에게 있어 원전은 값싼 것이다(하지만 국민 입장에서 원전은 비싸다).

또한 전력회사는 소요된 비용을 모두 전기요금으로 전가하여 회수할 수 있다. 종래의 제도로 회수할 수 없으면 국가가 추가적으로 비용징수 제도를 시행해 나갈 것이다.

막대한 비용이 필요한 사용후 연료의 재처리를 예로 들 수 있다. 일본의 경우 사용후 연료의 재처리를 기본방침으로 하고 있었는데, 전력회사에게 전가할 수 있게 된 것은 2005년 이후부터이다. 이러한 경우 사용후 연료의 재처리에 관한 추가 비용을 전력회사의 자체적인 경영노력으로 인한 이익금으로 지불하라고 했다면 아마도 전력회사는 그렇게 하지 않았을 것이다.

하지만 전력사업에 한해서는 그렇게 하지 않고, 새로이 제도를 만들어 추가적으로 국민이 부담하도록 강요해 온 것이다. 추가 비용이 들어도 그들의 이익이 줄어들 일은 없었다. 따라서 전력회사들은 원전에 추가 비용이 들어도 눈 하나 깜빡하지 않았던 것이다.

사전에 필요한 경비는 국가가 지원하고, 추후에 소요될 경비가 발견되어도 전기요금에 포함시켜 국민에게 징수해 버리는 상황. 국민 부담이라는 관점에서 보면 비싸지만, 전력회사에게 있어서는 사회적 비용 부분은 부담하지 않아도 되기 때문에 값싸게 보이는 것이다.

이렇게 원자력은 지금까지 정책적으로 특별우대 조치를 받아 왔다. 후쿠시마 원전사고가 발생하기 전까지는 모두들 이러한 사실에 귀를 기울이지 않았기 때문에 아무렇지도 않게 해 온 것이다.

여기서 나의 경험을 이야기해 본다. 사고가 일어나기 전인 2010년 9월, 원자력위원회로부터 원자력 정책을 전체적으로 재검토해야 되지 않느냐는 의견 청취를 받은 적이 있는데, 당시 나는 정책비용을 포함하면 원전에 경제성이 없는 것이 아니냐는 문제를 제기했었다.

의사록(議事録)에서는 아예 삭제되어 버렸고, 위원장은 당신이 한 것은 연구가 아니라는 취지의 발언까지 했다. 나는 그저 사실을 담담히 말했을 뿐인데, 꽤나 강한 어조로 반박을 당했던 것으로 기억한다.

후쿠시마 원전사고로 상황은 일변했다. 사고 이후 국민들은 원자력을 굉장히 매서운 시선으로 바라보게 되어, 지금까지 해온 것처럼 원자력에 거액의 보조금을 투자하는 일에 찬성하는 국민은 아무리 봐도 극소수라는 것을 알 수 있다. 원전에 대해 거액의 정책자금을 투입하는 것이 국민들의 논의하에 결정된 것이라면, 나의 의견과는 상반되지만 납득할 수도 있을 것이다. 하지만 많은 사람들은 이러한 일이 수십 년 전부터 있었고 앞으로도 바뀔 기미조차 보이지 않고 있다는 사실을 모르고 있다.

과거 수십 년에 걸쳐 행했지만 성과가 보이지 않는 기술 개발, 지방 국민들의 뜻을 거스르는 입지대책에 공적 자금을 투입해서는 안 된다는 것이 나의 의견이다.

2. 현저해지는 사고비용

지금까지 일본의 원자력 정책은 대규모 사고가 발생하지 않을 것을 전제로 하고 있었다. 그 전제하에 원전의 경비가 논의되어 온 것이다.

하지만 실제로 대규모 사고가 일어나고 말았다. 이제부터는 사고비용을 포함하여 원전비용을 고려해야 한다. 사고비용은 과연 얼마나 될까? 이를 kWh로 환산하면 어떻게 될까?

사고비용(1kWh당) = (사고비용총액 × 발생확률) ÷ 발전량

어느 정도의 확률로 사고가 발생하는가(발생확률)를 예상해 이를 kWh당 비용으로 본다. 이는 '사고비용총액'의 '기대치'를 발전량으로 나눈 값이다.

이 계산을 하기 위해서는 후쿠시마 원전사태와 같은 대규모 사고가 몇 년을 주기로 한 번씩 일어나는지 알아야 한다.

후쿠시마 원전사태 이전에는 심각한 수준의 사고의 발생확률을 논의할 때 일어나지 않을 것이라는 주장이 지배적이었다. 원자력을 추진해 온 사람들 중에는 10만 년에 한 번이라든지, 1억 년에 한 번이라는 등 지구에 운석이 떨어질 정도의 확률이니 신경 쓰지 않아도 된다고 주장하는 사람도 있었다.

하지만 일본이 원자력을 이용하기 시작한 지 약 40년 만인 2011년 후쿠시마 원전사태와 같은 대규모 사고가 일어나고 말았다. 사고발생확률은 종래의 주장들을 무시할 수 있을 정도로 작은 일이 아니었던 것이다.

게다가 대규모 사고가 일어날 경우의 '사고비용총액'에 대해서도 생각해 보아야 한다. 사고비용에는 '사고수속비용'과 '손해배상비용' 두 가지가 있는데, 방사능이 어느 정도이며, 어느 정도 범위에서 나오고 있느냐에 의해 사고비용의 규모가 크게 달라지기 때문이다.

1) 비용검증위원회의 도전

후쿠시마 원전사태로 인해 원전사고가 심각한 피해를 끼칠 것은 누가 봐도 명확해졌다.

사고가 발생한 후, 정부의 에너지·환경회의(관계각료로 구성되는 회의)하에 비용검증위원회가 설치되었다. 이 위원회는 지금까지 검토되지 않은 사회적 비용(정책비용과 사고비용)을 포함하여 원전의 비용을 철저히 검증하게 됐고, 나도 이 위원회의 위원으로서 추계작업에 참가했다. 이때 매우 인상적인 일이 일어났다. 나는 제1회 회합 때 원전의 안전신화에 의거하여 사고가 일어나지 않을 것이라고 가정하여 비용을 계산하지 말고, 사고가 일어날 것을 전제로 비용을 계산하도록 요청했다[37]. 즉, 사고비용도 원전의 비용이라 주장한 것이다. 하지만 교토대학 원자로실험소의 야마나(山名) 전(前) 교수는 "그(사고비용)에 합당한 비용을 포함시키라는 요구인 것 같은데, 그것은 너무 감정적으로 일을 처리하는 것이 아닌가[38]" 라며 나를 비판했다.

후쿠시마 원전사고가 일어났다는 사실을 지울 수는 없다. 나는 감정의 문제가 아니라, 일어났다는 사실을 직시하여 계산하자는 뜻이었기 때문에 야마나 교수의 반응에 무척 당황했다. 그 후 몇 번의 논의를 거치고 야마나 교수를 포함한 비용검증위원회에서는 사고비용도 원전비용에 포함하여 계산하자는 합의가 이루어져 검토가 진행되었다.

---

37. 「原子力のコスト計算にあたって」(http://www.npu.go.jp/policy/policy09/pdf/20111007/iinsiryo01.pdf). 「第一回コスト等検証委員会議事録」
38. http://www.npu.go.jp/policy/policy09/pdf/20111018/sankoul.pdf

3. 사고발생확률을 어떻게 볼 것인가

사고비용을 계산하는 데 필요한 것은 '사고비용의 총액'과 '발생확률'이다. 이 두 가지 요소가 커지면 1kWh당 사고비용도 커지기 때문에 '사고비용의 총액'과 '발생확률'이 나타내는 수치가 매우 중요한 쟁점이 되었다.

먼저 발생확률을 간단히 설명하면, 발생확률이란 1기의 원전을 몇 년 가동시켰을 때 후쿠시마 원전사태와 같은 대규모 사고가 발생하는가를 나타내는 지표이다.

후쿠시마 원전사태 이전에 일본에서는 54기의 원전이 가동하고 있었다. 만약 1기가 100로년[39]에 한 번꼴로 사고가 발생할 확률이 있다면 54기의 원전을 가동시켰을 때 1년에 사고가 발생할 확률은

(1/100) × 54기 = 54/100 [1기당 사고발생확률]

이 된다. 54/100이므로 약 2분의 1이다 즉, 대략 2년에 한 번꼴로 대규모 사고가 일어난다는 것이다. 아무래도 이와 같은 계산은 현실과 일치하지 않으므로 100년에 한 번꼴은 아닐 것이다. 그렇다면 사고발생확률은 어떻게 봐야 할까? 이는 비용계산의 큰 논점이 되었다. 원자력위원회 원자력발전·핵연료 사이클기술 검토소위원회(이하 핵연료 사이클위원회)에서 검토해 보았다. 핵연료 사이클위원회에서는 논의가 둘로 나뉘었다. 사고발생확률과 그 의미에 대해서는 〈표 4-2〉를 참조하기 바란다.

39. 여기서 원전 1기를 1년간 가동시키면 '1로년'이 된다. 예를 들어 확률이 100분의 1이면 100로년에 1회 발생함을 의미한다.

표 4-2 사고발생확률과 그 의미

10로년에 1회	IAEA의 안전목표
4762로년에 1회	세계 원전 대사고의 발생빈도(체르노빌 원전사고, 스리마일섬 원전사고, 후쿠시마 원전사고를 3회로 세었을 경우)
2857로년에 8회	위와 동일(후쿠시마 원전사고를 3개의 원자로가 폭발했으므로 3회로 간주, 체르노빌 원전사고, 스리마일섬 원전사고와 합쳐 5회로 세었을 경우)
1493로년에 1회	일본 원전 대사고의 발생빈도(후쿠시마 원전사고를 1회로 세었을 경우)
500로년에 1회	위와 동일(후쿠시마 원전사고를 3회로 세었을 경우)

자료 : 내각부 원자력 정책 담당실 '원자력발전소의 사고위험비용 시산' 2011년 10월 25일(http://www.aec.go.jp/jicst/NC/tyoki/hatukaku/siryo/siryo3/siryo3.pdf)에서 작성.

먼저 후쿠시마 원전사태가 발생한 현실 자체를 존중하자는 견해가 있다. 즉 원전 운전 개시 이래 45년 만에 대규모 사고가 발생해 버린 이상 이 현실을 반영해야 한다는 것이다.

한편 후쿠시마 원전사고로 인한 피해를 입고 난 뒤 대규모 사고가 발생하지 않도록 대책을 강구하고 있으므로 그 대책을 감안하여 사고발생확률을 산정해야 한다고 주장하는 이도 있었다. 이는 IAEA(국제원자력기관)의 목표를 바탕으로 한 주장이다. IAEA에서는 10만 년에 1회의 확률을 목표로 하고 있으므로 이를 기준으로 삼아야 한다는 것이다.

나는 후쿠시마 원전사고가 발생한 사실을 고려해야 한다고 생각한다. 물론 미래에 대한 대책을 세우면 발생확률은 낮아질 것이다. 나는 IAEA가 주장하는 10만 년에 1회라는 확률은 어디까지나 목표일 뿐, 기술목표와 현실의 사고발생확률은 분명 다를 것이라고 생각한다. 현재 타당한 근거를 갖고 말할 수 있는 것은 실적치 이외에는 없다.

앞으로 실제로 일어날 사고의 발생확률을 예측하는 것은 과학적으로 어렵다. 대규모 사고가 빈번하게 일어나지 않기 때문에 어느 정도의 확률로 발생하는 것인지는 알 수 없다. 이처럼 알 수 없는 요소를 '불확실'이라고 일컫는 때가 있다. 원전의 특징은 이렇게 불확실한 부분이 매우 많다는 점이다.

1) 사고비용의 기대치

이 밖에도 까다로운 문제가 하나 더 있다. 그것은 사고비용의 '기대치'로 사고비용을 봐도 되느냐는 문제이다. 만약 이 기대치를 '사고비용'으로 봐도 된다면 사고비용을 부담하는 민간보험이 성립되어도 이상할 것이 없다.

원전사고에는 성가신 문제점이 하나 있다. 그것은 일단 대규모 사고가 발생하면 끝을 알 수 없을 정도로 피해가 막대하다는 점이다. 사고의 발생확률이 낮다고 하여도 이처럼 위험이 큰 것은 또 없을 것이다.

이것이 원전에 통상적인 보험이 존재하지 않는 이유이다. 만약 보험을 든다고 하여도 기대치 이상의 보험료가 필요해질 것이다. 즉 결과로서 발생할 피해총액이 과도하게 크다는 점이 하나의 위험이며, 이 위험은 경제적으로는 '비용'으로 인식될 것이다. 이러한 추가적인 위험을 정확하게 계측하는 것 또한 매우 어려운 일이다.

이는 무엇을 의미할까? 사업에는 위험이 항상 존재하지만, 이 위험이 지나치게 크면 그 사업은 시장 내에 존재할 수 없게 되어 버리고 만다. 즉 추가적인 위험을 계산할 수 없는 원전은 현재의 시장경제 원리하에서는 성립하기 어려운 사업이라고 할 수 있다.

2) 상호부조 방식으로 사고비용 계측

즉 기대치를 계산해도 그것은 진정한 사고비용이 아닌 것이다. 이를 정확하게 계산하는 것은 불가능하다.

따라서 비용검증위원회에서는 이러한 계산을 배제하고 다른 방법으로 산정하기로 했는데, 그 방법은 다음과 같다.

사고비용 = 사고비용총액 ÷ 일정기간 동안의 총발전량

이는 원전을 보유한 전력회사끼리 합작하여 돈을 합치는 것을 의미한다. 보험이 없으므로 사업자 간의 상호부조를 통해 사고비용을 보충하는 방식이다. 비용검증위원회에서는 향후 40년에 걸쳐 후쿠시마 원전사고 피해금액에 상당하는 액수를 적금하는 구조를 취한다는 가정하에 계산을 해 봤다[40]. 보험이 없는 이상 상호부조와 같은 구조를 생각해 볼 수는 있다.

4. 비용검증위원회의 사고비용의 한계

비용검증위원회에서는 지금까지 줄곧 사고비용을 포함하여 원전비용을 계산해 왔다. 획기적이라고 할 수 있지만, 문제도 있다.

사실 비용검증위원회는 원자력위원회에 사고비용 계산과 관련한 작업을 의뢰하는 방식을 취하고 있었다. 비용검증위원회 사무국(국가전략

40. 비용검증위원회는 모델플랜을 상정하여 시산하고 있기 때문에 후쿠시마 원전사고 피해금액을 보정하여 계산하고 있다. 상세한 내용은 동 위원회의 보고서를 참조(http://www.npu.go.jp/policy/policy09/archive02.html).

실)은 원래 그런 취지에서 설치된 것이었다. 일본에는 원자력과 관련한 일을 원자력위원회가 맡는다는 구분이 있고, 이 구분이 불가피한 측면 또한 있다.

나도 전문위원회인 원자력위원회가 계산을 하는 데에는 문제가 없다고 생각했다. 비용검증위원회와 병행하여 원자력위원회에서도 지속적으로 검토해 왔기 때문에, 나는 원자력위원회 회합에서 나누어 주는 자료나 의사록을 빠짐없이 조사해 나갔다. 나는 원자력위원회가 스스로 사고비용을 검토한다고 생각하고 있었다.

하지만 유감스럽게도 심의과정을 봤을 때 독자적인 평가는 거의 이루어지지 않았다. 2011년 10월, '도쿄전력에 관한 경영·재무조사위원회'(이하, 경영재무조사위원회)가 사고피해 배상액과 사고수속 비용에 대해 간단히 시산을 하고 있었다. 원자력위원회에서는 여기서 검토된 수치를 그대로 받아들여 마치 그것이 기정 사실인 것처럼 취급해 버린 것이다. 즉 원자력위원회가 사고에 대해 독자적으로 검증했다고는 도저히 말할 수 없는 상황인 것이다.

'사고비용'을 고려하는 데에 있어 매우 중요한 요소이므로 지금부터 주요 문제점들에 대해 설명하겠다.

1) 사고피해규모의 과소평가

원자력위원회는 후쿠시마의 손해배상비용을 6조 8,503억 엔 정도로 추계하여 이를 바탕으로 손해배상비용을 계산하고 있었다. 후쿠시마 원전사고의 손해금액은 경영재무조사위원회 보고서의 〈표 4-3〉에 나타낸 것과 같은 피해가 발생할 것이라는 가정에 근거하고 있다. 이를 보

표 4-3 후쿠시마 원전사고의 손해액

일과성 손해액	약 2조 6,184억 엔
매년 발생하는 손해의 초년도 피해	약 1조 246억 엔
매년 발생하는 손해의 2년도	약 8,972억 엔
매년 발생하는 손해의 3~5년차 합계	1조 3,458억 엔
합계	6조 8,503억 엔

자료 : 내각부 원자력 정책 담당실 '원자력발전소의 사고위험비용 시산' 2011년 10월 25일(http://www.aec.go.jp/jicst/NC/tyoki/hatukaku/siryo/siryo3/siryo3.pdf)에서 작성.

면 알 수 있듯이 '일과성 손해량'이 약 2조 6,184억 엔, '매년 발생하는 손해의 초년도 피해'가 약 1조 246억 엔, 2년째 이후가 약 8,972엔이라고 나타내고 있다.

원자력위원회는 이 금액을 바탕으로 피해금액이 직선적으로 감소했을 때 5년 후에 0이 된다고 가정하고 있다. 여기에서 3~5년째 피해금액인 1조 3,458억 엔을 이에 더한다는 것이다.

그렇다면 왜 5년인 것일까? 원자력위원회는 과거에 있었던 대규모 재해 경험에 빗대어 봤을 때 '손해배상비용은 매년 직선적으로 감소한다'고 가정하고 있다. 1995년에 일어난 한신·아와지(阪神·淡路) 대지진을 예시하는 것이다.

과연 이 주장은 타당할까?

한신·아와지 대지진은 분명 지역주민에게 막대한 피해를 주었다. 하지만 이 대지진은 어디까지나 자연재해이며 방사능 오염과 같이 장기적으로 존재하면서 피해를 주는 재해는 아니었다. 손해금액이 막대하다는 점에서는 유사할지도 모르지만, 피해의 성질이나 범위는 전혀 다른 것이다. 제염(除染)이 5년만에 완료되고 손해가 무(無)가 된다는 주장에는 무리가 있다. 따라서 피해총액이 6조 8,503억 엔이라는 수치를 확실한 금액이라고 단정할 수는 없다. 오히려 과소평가한 것은 아니냐는 생각이 든다.

2) 고유가치를 어떻게 평가할 것인가

손해배상금액에도 문제가 있다. 예를 들어 물리적으로 방사능을 제거하는 작업인 제염을 진행할 경우, 토지나 건물과 같은 재산의 가치 이상으로 제염비용이 든다면 의미가 없다는 의견이다. 따라서 재산가치금액을 손해금액의 최대치로 보고 있다. 더욱이 이 재산가치금액은 고정자산세의 평가금액이다.

즉 토지나 건물은 고정자산세 평가금액의 가치밖에 없다고 판단하고 있는 것이다. 이 사고방식에는 이제까지 생활해 온 환경이나 문화, 그 자체가 가진 고유의 가치를 존중해야 한다는 사실이 결여되어 있다.

하지만 피해실태는 그렇지 않다. 태어나고 자라 생활해 온 환경 그 자체는 고정자산세 평가금액 이상으로 고유한 가치를 지니고 있다. 이것이 장기간에 걸쳐 손실되어 버리는 데 원전사고 피해의 본질이 있다. 그럼에도 불구하고 고정자산세 평가금액이라는 좁은 틀에 피해를 규정해 버리고 있는 것이다.

나아가 이보다 더 과소평가되고 있는 요소도 있다. 원자력손해배상분쟁심사회가 지시한 손해배상에 관한 중간지침에서는, 농지에 대해서는 재물가치 이상으로 제염했다고 하더라도 그 제염비용은 배상시키도록 규정되어 있다. 즉 재물가치 이상으로 가치를 지닌 것도 있다고 주장한다. 하지만 원자력위원회의 시산에서는 그러한 가정에 이르지 않았다. 어디까지나 재물가치(농지의 고정자산세 평가금액)가 배상액의 최대치였던 것이다.

3) 건강피해는 피해금액에서 제외

그 밖에도 과소평가되고 있는 요소가 있다. 이 계산에는 건강피해가 아직까지 고려대상 밖에 있으며 손해배상금액에 포함되어 있지도 않다.

전술한 바와 같이 원전사고로 인한 건강피해에는 급성방사선장애와 만발성장애, 유전적장애가 있다.

- 급성방사선장애: 방사선에 노출되고 단기간 내에 나타나는 장애
- 만발성장애: 수년, 수십 년 후에 발생하는 장애. 암, 백혈병 등의 증상
- 유전적장애: 세대에 걸쳐 발생하는 장애

급성방사선장애는 일정치 이상의 높은 방사선에 노출되지 않는 한 발생하지 않는다. 만발성장애는 일정 수치 이하로는 괜찮다는 '역치(閾値)'가 있는지 없는지에 대해 과학자들 사이에서 일치된 견해가 없는 상태이다. 역치가 없다는 증거는 없지만 반대로 역치가 있다는 증거 또한 없다. 즉 어디까지라면 괜찮다는 점을 잘 모르는 것이다. 또한 유전적 장애에 있어서도 인간에게 해당되는지 아닌지, 확정적인 사항은 단언할 수 없는 모양이다.

따라서 저선량 피폭으로 인해 앞으로 어느 정도의 피해가 발생할지에 대해 현 시점에서는 확실히 말할 수 있는 바가 없다. 조금이라도 피해

가 발생하면 그와 관련하여 피해금액은 증가한다.

4) 제염비용은 고려대상에서 제외

또한 제염비용과 제염으로 인해 발생하는 방사성 폐기물의 저장·관리비도 포함되어 있지 않다. 사실은 이 부분의 비용이 방대한 수준이 아니냐고 지적하는 사람들도 많다.

탈원전을 내걸고 활동하고 있는 NGO의 원자력자료정보실은 미나미소마(南相馬)시에서 실시된 제염작업 사례를 기반으로 독자적으로 추계하고 있다. 이타테(飯舘) 마을이 책정한 제염계획서에는 택지, 도로, 농지, 산림 제염 및 방사성 폐기물 관리에 3,224억 엔이 소요될 것이라고 기술되어 있다.

이타테 마을의 면적은 230km²이다. 연간 피폭량 1밀리시버트라는 목표하에 제염작업을 하겠다는 정부의 방침에 따르면 2만km²의 면적이 제염되어야 한다. 이타테 마을과 같은 양의 비용이 든다면 제염비용은 28조 엔이 된다고 한다. 실제로 어느 정도의 금액이 필요할지는 알 수 없지만 제염에 거액의 비용이 필요하다는 점은 분명하다.

5. 제염비용

사고비용을 계산하는 데 있어 제염은 매우 중요한 요소이다. 제염에 대해 조금 생각해 보자. 방사능은 태우거나 화학적으로 처리해서는 완전히 없앨 수 없다. 따라서 제염은 물리적으로 방사능을 제거하는 작업이 된다. 구체적으로는 고압세정기로 세척하거나 토지의 표면을 깎아내는 작업이다.

방사능은 가만히 두어도 자연스럽게 약화된다. 하지만 약화되는 정도는 방사능의 종류에 따라 다르다. 방사능이 반으로 감소할 때까지 걸리는 기간을 반감기라고 하는데, 방사성 요드(요드131)는 약 8일이다. 이러한 물질들은 사고 직후에 대량으로 발생하기 때문에 사고 직후에 가능한 한 이러한 물질들에 피폭되지 않는 것이 중요하다.

후쿠시마 원전사고로부터 방출된 방사능 중 반감기가 짧은 것들이 없어져 버리면 주로 반감기가 긴 세슘134, 세슘137이 남게 된다. 세슘134는 약 2년, 세슘137은 약 30년의 반감기를 갖는다. 이는 자연 속에 존재하면서 지속적으로 방사능을 배출하지만, 방치해도 시간이 흐르면서 줄어드는 방사능이다. 또한 비나 바람에 의해 조금씩 다른 곳으로 이동한다. 이러한 원인 등으로 연간 피폭량은 조금씩 감소한다.

예를 들면 연간 피폭량이 50밀리시버트인 지역이라도 4년 정도의 시간이 흐르면 20밀리시버트 정도로 줄어들고, 다른 곳도 마찬가지로 연간 피폭량이 20밀리시버트라도 3년 후에 10밀리시버트 이하로 줄어들게 된다. 이러한 사실을 고려하여 토지를 이용하거나 피난을 한다.

하지만, 그냥 방치해 놓는 것만으로는 문제가 있다. 일본학술회의에서 제염을 한 경우와 하지 않았을 경우의 피폭량의 차이에 대해서 정리했다[41]. 이에 의하면 피폭량이 연간 20밀리시버트인 지역에서 제염작업을 하지 않으면 30년간 200밀리시버트 이상 피폭(외부피폭)되어 버린다고 한다. 또한 연간 10밀리시버트인 지역에서도 제염작업을 하지 않으

41. 日本学術会議東日本大震災復興支援委員会放射能対策分科会「提言　放射能対策の新たな一歩を踏み出すために－事実の科学的探索に基づく行動を」2012年 4月 9日(http://www.scj.go.jp/ja/info/kohyo/pdf/kohyo-22-t-shien4.pdf).

면 140밀리시버트 정도의 피폭이 예상된다고 했다.

암으로 인한 사망률은 100밀리시버트를 넘으면 0.5% 상승, 200밀리시버트일 경우 1% 상승한다. 제염작업을 하지 않을 경우 심각한 건강피해가 우려될 수 있다.

제염효과에도 한계가 있는 것은 사실이지만, 다음과 같은 사실에서도 제염의 중요성을 알 수 있다.

1) 제염에 관한 법률

2011년 8월 제염과 관련한 특별조치법[42]이 규정되었다. 이 법률은 후쿠시마 원전사고로 인한 방사능 오염에 대해 기본적으로 국가가 책임을 지고 제염할 것을 규정하고 있다.

그 목표는 추가적인 연간 피폭량을 1밀리시버트로 만드는 것이다. '추가적인 피폭량'이 의미하는 바는 사고가 없는 지역일지라도 자연계에 존재하는 방사능에 의해 인간은 매일 피폭되고 있다는 사실이다.

일본인은 평균적으로 연간 1.48밀리시버트꼴로 피폭되고 있다. 현재 규정되어 있는 연간 방사능 허용치는 1밀리시버트이다. 이것이 일반 시민의 연간피폭량 한도로 규정되어 있는 것이다. 일본은 장기적으로 이를 1밀리시버트까지 줄이는 것을 목표로 하고 있다.

제염체제는 오염 정도마다 달라진다. 제염체제는 연간피폭량을 기준으로 구분되고 있다.

원전사고 후에 설정된 경계구역과 계획적 피난구역에는 국가가 직할

42. 정식명칭은「平成 23年 3月 11日 に発生した東北地方太平洋沖地震に伴う原子力発電所の事故により放出された放射性物質による環境の汚染への対処に関する特別措置法」.

사업으로 제염작업을 실행하고 있다. 연간피폭량이 1밀리시버트를 넘는 그 밖의 지점들은 시·읍·면에서 제염작업을 실시하도록 되어 있다.

2) 국가의 제염작업은 어떤 상황인가

정부는 2012년 1월 '제염 로드맵'을 책정했다. 이를 바탕으로 연간피폭량이 20밀리시버트 이상의 지역은 '제염특별지역'으로 취급하여 국가 직할사업으로 제염작업을 진행하겠다는 계획이다.

연간피폭량 20밀리시버트 미만인 지역은 자치단체에서 제염하고 있다. 제염비용은 국가가 지불하도록 되어 있다. 일단 환경성(環境省)이 지역의 오염상황을 조사하도록 지역을 지정하는데, 지정되는 지역은 1시간당 0.23마이크로시버트 이상(추가 피폭량이 연간 1밀리시버트 이상)의 지역이 포함된 시읍면이다. 이렇게 지정을 받은 후 자치단체가 오염상황을 조사한다.

자치단체는 오염상황을 파악하여 필요할 경우 제염 실시계획을 세우고, 이 계획을 세운 곳부터 제염작업을 실시한다. 오염상황 중점 조사지역으로 지정된 자치단체는 후쿠시마현, 미야기현, 이와테현, 토치기현, 이바라키현, 군마현, 치바현에 있는 104곳의 시읍면이다. 〈그림 4-2〉에서 볼 수 있듯이, 이 지역은 광대하다.

하지만 뜬소문으로 인한 피해를 우려하여 지정되기를 꺼리는 자치단체도 있다고 한다[43]. 분명 극소량의 오염이거나 오염지역이 깊은 산중이라면 이러한 반응도 어느 정도 이해는 간다. 하지만 어디까지나 주민의 건강과 안전을 최우선시해야 한다. 만약 오염이 있는데도 불구하고

43. 『朝日新聞』 2011年 12月 20日.

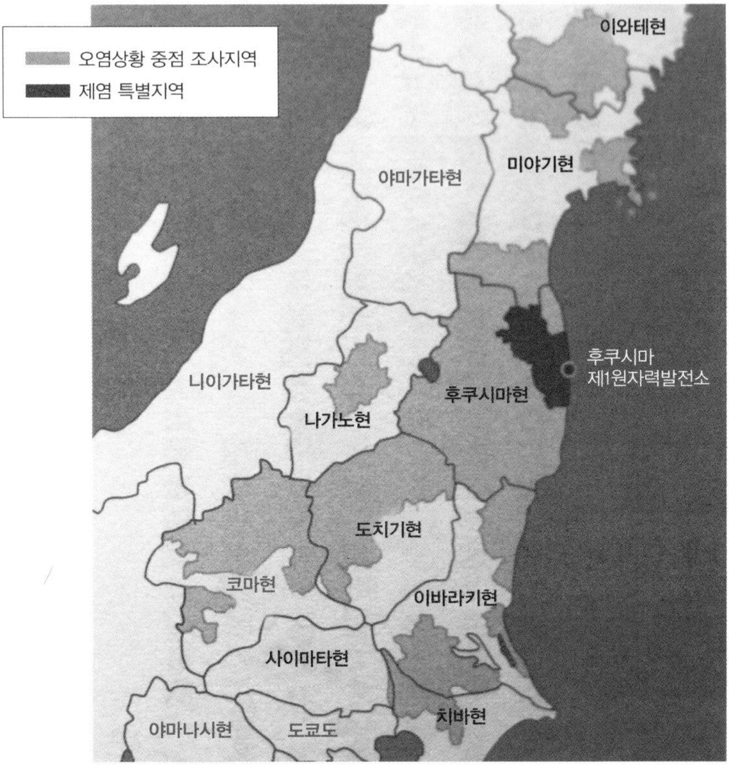

자료 : 환경청 홈페이지(http://josen.env.go.jp/progress/index.html)

그림 4-2 제염 특별지역과 오염상황 중점 조사지역

지정을 받지 않는 일이 벌어지면 피해가 과소평가될 것이다.

3) 오염토양 저장시설 설치문제

방사능은 태우거나 화학적으로 처리한다고 해서 소멸되는 것이 아니다. 장기간에 걸친 보관으로 자연스럽게 사라지는 것을 기다릴 수밖에 없다. 따라서 제염으로 토양을 깎아낸 후의 처분이 문제가 제기되는데, 결과적으로 흙을 어디에 보관하느냐의 문제가 되는 것이다. 환경성(環境省)의 홈페이지에는 먼저 후쿠시마현 내에 임시보관소, 다음으로 중간 저장시설을 만들어 최종적으로 후쿠시마현 밖으로 운반할 것이라고 쓰여 있다. 오염된 후쿠시마현 사람들 입장에서 보면 오염은 자신들의 책임이 아니고 일방적으로 당한 일이기 때문에 후쿠시마현 밖으로 운반하기를 원하는 것은 당연한 일이다.

하지만 밖으로 갖고 나가겠다는 환경성의 말은 현재 상황으로 봐서는 전혀 근거가 없다. 언제, 어디로 갖고 나갈 것인지는 아직 정해지지 않았다. 현재까지 아무런 전망이 없고, 밖으로 갖고 나간다는 것은 일시적인 도피행각일 것이다. 현실적으로는 다시 환경오염이 발생하지 않도록 안전을 확보하고 엄중한 관리하에 두는 것밖에는 다른 방법이 없지 않을까?

또한 후쿠시마현 이외에서도 오염토양을 관리하는 것은 머리가 아픈 일이다. 후쿠시마현에 중간 저장시설을 만든다고 하여도 그곳으로 오염토양을 운반하는 것은 어려울 수밖에 없다. 현재 상황으로서는 각 자치단체 내에서 보관하게 될 가능성이 크다.

4) 오염비용 부담문제

지금까지 봐 왔듯이 제염작업은 이제 막 시작되었다. 필요한 장소에 필요한 제염을 실행한다면, 도대체 그 비용은 얼마나 될까. 아직 그 구체적인 수치는 밝혀지지 않았다.

그렇다면, 이 제염비용은 누가 부담하게 되는가?

국가 직할사업에 있어서는 정부가 예산을 쏟고 있다. 또한 자치단체가 행하는 제염작업에도 정부가 비용을 부담하고 있다. 제염비용은 방대해질 것이다.

특별조치법에는 법률을 바탕으로 실시한 비용을 모두 도쿄전력이 지불하도록 규정되어 있다. 즉 정부가 부담한 돈은 모두 도쿄전력이 부담하도록 되어 있는 것이다. 법률적으로는 그렇게 규정되어 있다.

하지만 현재 상황을 봤을 때 도쿄전력이 정말 어디까지 금액을 부담하는가는 그다지 논의되지 않은 채 애매한 상태로 남아 있다. 결국 마지막에 은근슬쩍 국민 부담이 되는 것은 아닌지 주의해야 한다.

6. 사고는 수습되었나

사고비용에는 '사고수습비용'도 포함된다. 상세한 내용을 살펴보려면 먼저 사고가 수습되었는지 어떤지에 대해 알아보아야 한다. 2011년 12월 16일 노다(野田) 수상은 "발전소의 사고 그 자체는 수습되었다고 판단된다[44]" 고 발표하며 후쿠시마 원전사고의 수습을 선언했다.

정부는 사고 직후에 작성한 사고수습을 위한 로드맵[45]의 두 단계를 완료했다고 주장하고 있다. 다음의 두 가지 조건을 만족했다는 의미이다.

---

44. 2011年 12月 16日 野田内閣総理大臣記者会見(http://www.kantei.go.jp/jp/noda/statement/2011/1216kaiken.html).
45. 「東京電力福島第一原子力発電所・事故の収束に向けた道筋－当面の取組のロードマップ」 原子力委員会原子力発電・核燃料サイクル技術等検討小委員会第3回会合資料第 4号.

① 압력용기의 밑바닥 부분의 온도가 약 100도 이하

② 원자로에서 대기로 누출되는 방사능을 대폭 억제

즉 안정되었으므로 사고가 수습되었다는 논리이다[46].

하지만 실제로 양은 대폭 감소했다고 하지만 방사능 방출이 계속되고 있다. 또한 후쿠시마가 대표적인데 피해가 사라진 것은 아니다. 원자로 건물도 본격적으로 보수된 것은 아니다. 핵연료가 어디에 있는지, 또한 격납용기의 어느 부분이 손상되고 어디에서 물이 새고 있는지 지금도 잘 모르고 있다.

따라서 사고 직후와 비교했을 때 안정되었다고는 말할 수 있어도 수습되었다고는 절대 말할 수 없다. 12월의 수습선언은 정치적인 색채가 강했으며 사고는 아직 수습되어 있지 않다고 봐야 옳다. 내가 봤을 때 노다 수상의 수습선언은 '정치수습'이라고 불러야 마땅하다.

1) 사고수습비용의 문제점

원자력위원회는 '사고수습비용'도 경영재무조사위원회 보고서의 금액을 그대로 채택하고 있다. 원자로의 냉각, 폐로, 방사성 폐기물 처분비용은 1조 1,510억 엔이라 한다. 정부의 2011년 12월의 전망에 의하면 핵연료를 원자로에서 꺼내 폐로를 완전히 끝낼 때까지 약 40년 정도의 시간이 걸린다고 하는데, 정말 40년 만에 끝날지 어떨지는 모르지만 향후 수십 년에 걸쳐 사고수습, 부지 제염, 폐로, 방사성 폐기물 처분이 실시될 것만은 분명하다(표 4-4).

---

46. 『朝日新聞』 2011年 12月 17日.

만약 40년간 1조 1,510억 엔이라 하면 연간 300억 엔에 지나지 않는다. 기술 개발비용도 포함해서 이 금액으로 수습될 것이라고는 생각하기 힘들다. 1조 1,510억 엔으로는 턱없이 부족하다는 사실이 아닐까?

표 4-4 정부의 사고수습계획

2011년 3월 11일	후쿠시마 원전사고 발생
2011년 12월 16일	수습선언(정치수습)
2012년~	기술 개발 개시. 제염, 와륵 처리, 원자로 보수작업
2013년 12월까지	4호기 사용후 연료 채취 개시. 3호기 외에도 2015년 이후 개시
2021년까지	연료 데브리(debris) 채취작업 개시
2031~2036년	핵연료 채취작업 완료
2041~2051년경	원자로 시설 해체작업 완료

자료 : 원자력 재해 대책본부, 정부[47, 48]도쿄전력 중장기대책회의 "도쿄전력 ㈜후쿠시마 제1원자력발전소 1~4호기 폐지조치에 대한 중장기 로드맵" 2011년 12월 21일(http://www.kantei.go.jp/saigai/syusoku.html).

이번과 같은 사고의 경우 핵연료가 질척하게 녹아서 압력용기를 녹여, 격납용기까지 떨어졌다고 판단된다. 아직 핵연료가 어디에 있는지조차 파악하지 못한 채 있다. 핵연료는 이미 원형을 유지하지 않고 있다고 판단된다. 본래의 핵연료와 피복관, 억제봉 등이 녹아 일체화된 '연료 데브리(燃料デブリ:fuel debris)가 되어 버린 것이다. 이렇게 원형을 유지하고 있지 않은 핵연료를 뽑아내는 기술은 현재 존재하지 않는다. 아니, 그런 기술은 역사상 없었다.

---

47. 藤村陽「放射能廃棄物処分の迷走」吉岡斉編集代表『新通史　日本の科学技術　第一巻』原書房, 2011年.
48. 원자력 정책원탁회의의 논의 내용은 원자력위원회 홈페이지에서 찾아볼 수 있다(http://www.aec.go.jp/jicst/NC/iinkai/entaku/rt-contents.htm).

먼저 어디에 어느 정도의 핵연료가 있는지, 원자로의 어느 부분에서 물이 새고 있는지 조사할 필요가 있다. 또한 원자로를 안전하게 보수할 기술, 연료 데브리를 골라낼 기술을 개발해야 한다. 어떠한 형태로 기술을 개발했다고 해도 실제로 골라내는 데에는 시행착오를 거쳐야 할 것이다.

지금은 방사선이 너무 강해서 접근할 수 없는 지역이 많다. 접근할 수 없는 지역에는 로봇을 이용하여 조사, 보수해야 할 것이다. 과제는 산더미처럼 쌓여 있다.

폐로비용도 막대한 금액이 될 것이다. 사고를 일으키지 않은 일반 원전이라도 폐로가 완료된 사례는 없고, 실제로 얼마나 비용이 들지는 명확하지 않다. 그런데 원전은 해체작업비용과 해체함으로써 나오는 방사성 폐기물 처분비용으로 1기당 600억 엔 정도의 금액을 적립해 놓고 있다.

후쿠시마 원전사고의 경우 이 금액으로 처리될 수 없을 것이란 사실은 명백하다. 후쿠시마 제1원전은 폭발로 인해 거의 모든 시설이 방사능에 오염되어 버렸다. 보통의 폐로라면 방사성 폐기물이 아닌 통상적인 폐기물이 있지만, 폭발로 인해 방사성 물질이 흩어져 버렸기 때문에 발전소의 대부분이 방사성 폐기물이 되어 버렸을 가능성이 있다.

후지무라 요우(藤村陽) 씨는 이 점에 주목하여 후쿠시마 제1원전 1~3호기의 방사성 폐기물량을 시산했는데, 이에 의하면 후쿠시마 제1원전 1~3호기만으로 보통 폐로 54기 분량의 방사성 폐기물이 있다고 한다[49]. 이 원전 54기가 의미하는 것은 후쿠시마 원전사고 전에 가동하고 있던 일본 전체 원전의 합계와 같다. 고작 3기로 일본에 있는 모든 원전

---

49. 원자력위원회 보고「動力炉開発の基本方針について」1996年 5月.

을 폐로한 것과 같은 양의 방사성 폐기물을 발생시켜 버린 것이다.

7. 사고비용을 어떻게 볼 것인가

지금까지 자세히 설명한 바와 같이 '사고비용'의 총액이 얼마나 되는지는 아직 누구도 알 수 없는 상황이다. 이 현실을 국민이 알아야 한다. 또한 '최악 중의 최악'의 사태가 발생했다면, 피해는 비교할 수 없을 정도로 커졌을 것이 틀림없다.

이러한 한계에도 불구하고 비용검증위원회는 후쿠시마 원전사고의 피해금액과 사고처리비용의 견적을 내어 이를 바탕으로 1kWh당 '사고비용'을 계산했다. 그 금액은 0.5엔이다. 이 금액을 어떻게 봐야 할까?

이제 여러분은 알고 있을 것이다. 앞서 설명한 바와 같이 '사고비용 총액'은 현재 과소평가되고 있다는 사실을. 의도적으로 과소평가했다는 것이 아니라, 사고가 아직 진행 중이며, 현재 상태로는 확인할 수 없는 비용이 너무 많다는 것이 원인인 것이다.

또한 119페이지의 식의 분모부분도 어떻게 될지 알 수 없다. 비용검사위원회에서는 일본에 존재하는 원전 54기 중 파괴된 후쿠시마의 제1원전 1~4호기를 제외한 40기가 향후 40년간 가동할 것을 전제로 총발전량을 계산하고 있다.

이러한 일이 가능할까? 새로이 도입된 '원자로 규정법'으로 인해 원전은 40년간 운전하고 폐로처리된다. 그러면 전국의 원전은 하나둘씩 폐로를 맞이하게 될 것이다.

지금까지 해온 것과 같은 양의 원전을 유지하기 위해서는, 지금까지

해온 것과 같은 속도로 유지해야 한다. 과거와 같은 원전 건설 붐을 향후에도 기대할 수 있을까? 답은 명료하다. 이제 원전 건설은 종래처럼 국민의 지지를 얻을 수 없다. 그렇게 되면 비용검증위원회가 상정한 총 발전량도 얻을 수 없을 것이다.

그렇게 되면 119페이지의 식의 분모가 점점 작아지므로 사고비용은 점점 커질 것이다. 사고비용이 0.5엔으로 유지될 일은 없을 것이라고 할 수 있다. 따라서, 사고비용 0.5엔은 어디까지나 최소 사고비용에 불과한 것이다. 여기서 몇 배가 되어도 이상할 것이 없다. 정책비용에 사고비용을 더하면, 원전에서 경제성은 전혀 찾아볼 수 없을 것이다.

제5장

사용후 핵연료를 어떻게 처리할 것인가

1. 사용후 핵연료의 처분을 둘러싼 이슈

2. 고속증식로 개발의 의미

3. 핵무기의 원료가 되는 플루토늄

4. 추진 중인 재처리사업

5. 고가의 재처리, 플루토늄 이용

6. 재처리의 비용여하

7. '10만 년 후의 안전'은 보장할 수 있는가

1. 사용후 핵연료의 처분을 둘러싼 이슈

현재 일본의 어떤 원전에서 사용되고 있는 연료는 우라늄으로 구성되어 있다. 우라늄은 타지 않는다. 핵분열 연쇄반응으로 인해 대량의 열을 받아 발전(發電)한다는 사실은 앞서 말한 바와 같다.

핵연료는 사용한 후에도 방사선을 배출하는데 이를 인공적으로 없앨 수는 없다. 사용후 핵연료를 처분하는 일이야말로 원전이 짊어진 십자가라고 할 수 있다. 방사선은 인체에 유해하기 때문에 사용후 핵연료를 안전하게 처분할 필요가 있다. 자연환경으로 새어 나가지 않게 하기 위한 특수한 연구가 필요하다.

이러한 처분방법을 둘러싸고 큰 문제가 일어나고 있다. 가장 단순한 처분방법은 사용후의 연료를 그대로 땅속에 매장하는 것이다. 재이용하지 않으므로 '직접처분'이라고 한다. 다른 방법은 사용후 연료로부터 플루토늄을 골라내어 이용하는 것인데 이를 '재처리(再処理)'라고 한다. 재처리란 사용후 연료로부터 플루토늄을 골라내는 일이다.

1) '재처리'에 대한 오해

일반인들이 잘못 이해하고 있는 부분이 있기 때문에 만약을 위해 설명

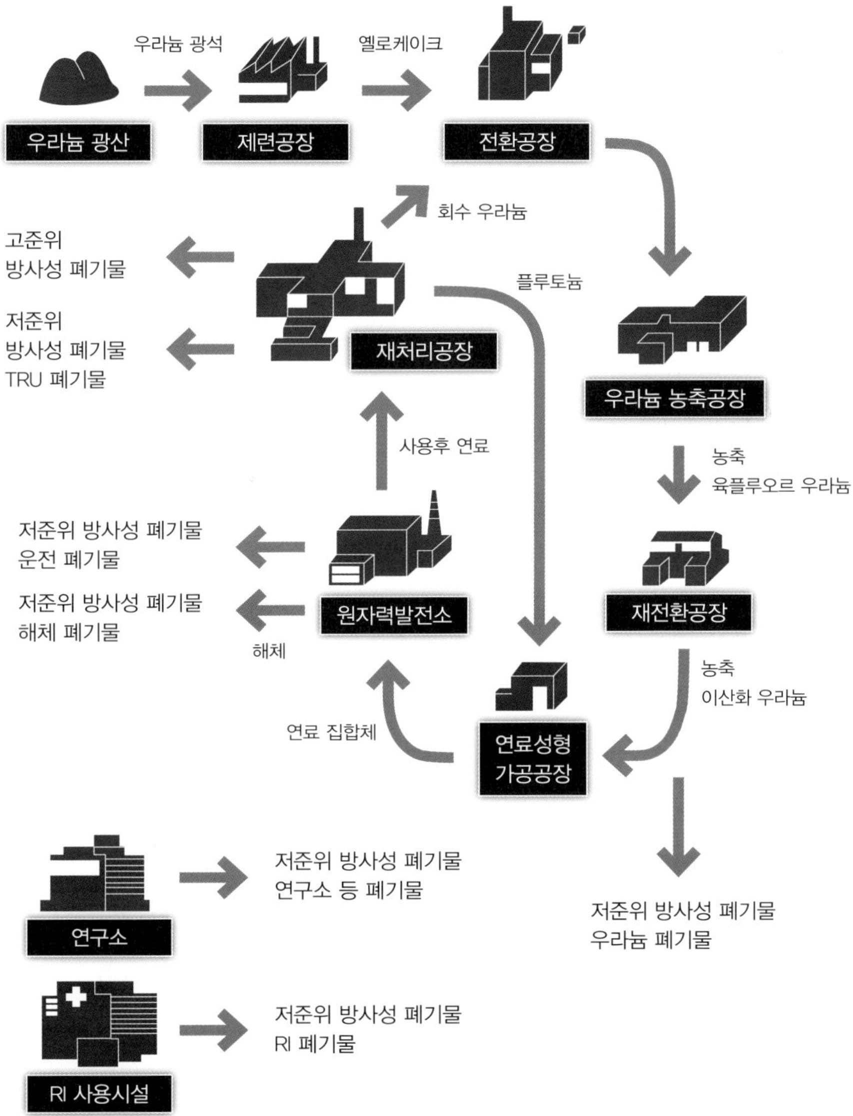

자료 : 재단법인 원자력환경정비촉진·자금관리(http://www.rwmc.or.jp/library/pocket/radioactive-waste/1-1.html)

그림 5-1 방사성 폐기물의 종류(재처리할 경우)

하고 싶은 내용이 있다. 두 가지 오해에 대한 것이다.

첫째는 사용후 연료를 재처리하면 방사능이 사라진다는 오해이다. 재처리는 사용후 핵연료를 플루토늄과 그 밖의 물질로 분류하는 것인데, 플루토늄도 그 외의 물질들도 방사능이다. 즉, 재처리를 한다고 해서 방사능이 사라지는 것은 아니라는 말이다. 소소한 문제일지도 모르지만 주의가 필요하다.

둘째는 사용후 연료를 처분하기 위해서는 재처리가 필요하다는 오해이다. 사용후 연료는 재처리하기 전에도, 그 후에도 방사능이라는 사실이 다름없기 때문에 최종적으로 버릴 때에는 또 다른 대책이 필요하다. 재처리를 하지 않고 사용후 연료를 그대로 처리할 수도 있다. 재처리가 사용후 연료의 유일한 처분방법인 것은 아니다.

따라서 재처리는 방사능을 처분하는 일이라 할 수 없으며, 절대적으로 필요하다고도 할 수 없다. 이러한 사실은 의외로 많은 사람들이 모르고 있는 부분이다.

2) '재처리'의 목적은 무엇인가

그렇다면 방사능이 사라지는 것도 아니고, 절대적으로 필요하지도 않은 '재처리'가 진행되고 있는 이유는 무엇일까?

앞서 사용후 연료로부터 플루토늄을 골라내는 것이 재처리라고 설명했다. 재처리의 목적은 이 플루토늄을 발전에 사용하고자 하는 데 있다.

왜냐하면 현재 핵연료로 쓰이고 있는 우라늄도 언젠가는 고갈되어 버리기 때문이다. 다시 한 번 〈표 2-2〉를 보기 바란다. 여기에서 나타내듯이 석유 대체에너지라고 해도 우라늄 자원 또한 끊임없이 사용하면 없어질 자원이다.

이 표에서 말하는 '가채연수(可採年數)'라는 것은 이 상태로 계속 소비하면 자원을 얼마 동안이나 더 쓸 수 있을지를 나타내는 지표이다. 석유가 46.2년인 것에 비해 우라늄은 93.9년이라고 한다.

무엇이든 사용하면 언젠가 없어지게 되는데, 이렇게 언젠가 없어질 자원을 '고갈성 자원'이라 부른다. 가채연수로 보면 우라늄은 꽤 오랫동안 사용할 수 있을 것이라고 생각하는 사람들도 있을지 모른다. 석유를 우라늄으로 대체한다는 사고방식도 설득력이 있을 듯하다.

하지만 이는 단순히 우라늄을 사용하고 있는 나라가 적기 때문이다. 만약 앞으로 중국이나 인도와 같은 신흥국가들이 대량으로 우라늄을 소비하게 된다면 눈 깜짝할 사이에 가채연수가 줄어들어 석유와 같은 정도가 되어 버릴 것이다.

즉 원자력이라도 결국은 자원이 없어져 버리면 발전할 수 없다는 것이다. '뭐야, 우라늄도 결국 사라지는 건가'라고 생각하는 이들이 있을 것이다. 그렇다. 이대로라면 없어질 것이다.

여기서 고안해 낸 것이 사용후 연료로부터 플루토늄을 골라내어 재활용하는 방법이다. 고속증식로가 완성되면 원자로 안에서 사용한 플루토늄보다 더 많은 양의 플루토늄을 만들어 내는 것이 가능하다. 고속증식로의 사용후 연료를 다시 '재처리'해서 빙글빙글 돌려 주면 1000년 이상 지속될 것이라고 사람들은 판단했다.

이 얼마나 멋진 아이디어인가. 사용후 연료로부터 플루토늄을 채취하여 그것을 차례대로 돌리면 국내에 자원이 존재하는 것과 다름없다. 이러한 계획을 바탕으로 정부는 원자력을 '준국산(準國産) 에너지'라 주장했다.

원자력은 국내에 에너지 자원이 거의 없는 나라들의 귀중한 에너지원이 되었다. 단, 이는 재처리나 고속증식로를 아무런 문제 없이 개발할 수 있을 때의 이야기이다.

3) '준국산 에너지'의 꿈

실제로 1970년대에 일어난 석유파동 이후 원자력은 '준국산 에너지'로 특별대우를 받게 되었다.

지난 일이지만 석유파동이 일어나기까지 매우 값싼 석유가 마치 수돗물처럼 사용되고 있었다. 그때 석유파동이 일어났다. 석유가격의 폭등으로 인해 일본 사회는 큰 곤경에 빠졌는데, 이를 해소하고자 하는 신념과 원자력 개발의 목적은 서로 일치했다.

하지만, 경제학적 관점으로 보았을 때 원전을 '준국산'이라고 부르는 것은 있을 수 없는 일이다. 왜냐하면 우라늄 자원은 타국으로부터 수입한 자원, 결코 '국산'이 아니기 때문이다. '준'이라는 말은 전혀 이해할 수 없는 부분이다. 정부의 기만에 지나지 않는다.

하지만 국가 차원에서는 굉장히 진지하게 준국산임을 강조해 왔다. 예를 들어 다음 1978년의 '원자력 연구개발 장기계획'의 내용을 살펴보자.

"자주적인 핵연료 사이클의 확립을 기본방침으로 하고 있었는데, 최근의 내외정세의 변화를 고려해 봐도 이 노선을 바꿀 필요는 전혀 없다고 판단되며, 오히려 준국산 에너지로서 플루토늄의 필요성 등을 고려해 보면 향후에도 더욱 강력히 추진할 필요가 있다고 판단된다."

준국산의 망령은 국가에너지 정책에서 지금도 가끔씩 나타난다.

2011~2012년, 정부의 총합자원에너지조사회 기본문제위원회에서 에너지 정책의 선택지에 대해 의논했다. 당시 경제산업성은 원자력이 국산 자원인 것처럼 설명했다. 나는 이를 비판했지만, 정부는 몇 년이라도 비축할 수 있다는 등의 답변을 했다.

비축할 수 있으면 국산이 되는 것일까? 그렇다면 수입되는 철도 비축이 가능하므로, 철도 국산이 되어 버린다. 원자력을 국산이다, 준국산이다라고 말하는 것은 국가정책에 존재하는 망령에 지나지 않는데, 아직까지 남아 있다는 사실에 놀라움을 감출 수 없다.

2. 고속증식로 개발의 의미

플루토늄을 재활용하기 위해서 필요한 것은 무엇일까? 먼저 고속증식로와 재처리가 반드시 완성되어야 한다. 재처리를 해야 플루토늄을 채취할 수 있고, 고속증식로가 있어야 플루토늄을 늘릴 수 있기 때문이다.

하지만 '고속증식로'도, 재처리도 순조롭게 진행되고 있지 않은 상황이므로, 실패의 연속이라 할 수 있다.

먼저 고속증식로에 대해 살펴보겠다.

후쿠이현 츠쿠가시에 '몬주(もんじゅ)'라는 원자로가 있다. 이것이 고속증식로이다. '고속증식로'라 하면 '고속으로 증식하는' 원자로처럼 들린다. 플루토늄이 증가하므로 '플루토늄이 고속으로 증식하는' 것이 아니냐고 생각하는 이들도 있을 것이다.

하지만, 이는 잘못 이해하고 있는 것이다. '고속증성자'(튀는 속도가 빠른 중성자)를 사용하는 '증식로'라는 의미이다. 원자력에는 오해하기 쉬운 말이 많다. 실제로는 증식이 매우 천천히 이루어지며, 배로 늘어날 때까지 수십 년이라는 시간이 필요하다.

1) 고속증식로 '몬주'

'몬주'가 제대로 가동한 적이 없다는 사실은 일반인들도 잘 알고 있다. 꽤 오래전에 사고가 나고 그 이후 정지된 상태라는 것을 들은 사람도 있을 것이다. 젊은 사람들은 가동하고 있었다는 사실을 들은 적도 없을 것이다.

이는 사실이다. 계획을 세운 뒤 수십 년 후에나 완성된 '몬주'였는데, 운전이 개시되고 1년 후인 1995년 나트륨이 새서 화재가 발생하고 말았다. 벌써 17년 전의 이야기이다.

'몬주'사고는 당시 일본의 원자력발전에 큰 충격을 주었다. 비판의 목소리가 높아졌다. 절대로 사고가 일어나지 않을 것이라고 계속 주장해 왔기 때문이다.

이를 계기로 원자력에 대해 비판적 견해를 가진 사람이 증가하여 국가별로 '원자력 정책 원탁회의'가 열리고 원자력 정책의 논점에 대한 논의가 이루어졌다[50]. 사고를 계기로 동력로·핵연료개발사업단(동연)이라는 조직이 해체되는 사태가 일어날 정도로 파장이 컸다.

하지만 원자력발전의 근본이 바뀌는 일은 없었다. 국민들은 많은 관심을 가졌지만, 지금 생각해 보면 이때 원자력 정책의 근본적인 부분부터 개정하지 않았던 점이 후쿠시마 원전사고를 일으킨 원인이 되었다고

---

50. 原子力開発利用長期計画, 1967年.

생각한다.

'몬주'는 그 후 긴 세월에 걸쳐 공사되고 2010년에 운전이 재개되었다. 하지만 이 또한 운전이 시작된 후 3개월 만에 원자로 내에 기계(로내 중계장치)를 떨어뜨려 고장이 나버렸다. 2년에 걸쳐 간신히 기계를 빼내었지만 후쿠시마 원전사고의 영향으로 인해 멈춰 있는 상태이다.

원전의 수명은 30년이나 40년이라 하는데, 간신히 만든 '몬주'의 경우 큰 문제가 계속해서 일어나, 제대로 운전되지 못한 채 20년에 가까운 시간이 흘러 버렸다.

2) 오래전에 '완성됐어야 할' 고속증식로

본래 고속증식로는 한참 전에 완성되었어야 했다. 원자력 개발에는 '이렇게 될 예정였다'는 것이 산더미처럼 많이 있는데, 고속증식로는 그 전형적인 예라고 할 수 있다.

고속증식로 개발계획이 국가 프로젝트로 등장한 것은 1966년[51]이었다. 당시에는 1972년에 '실험로'를 완성하고 1976년에 '원형로'를 완성하겠다고 주장했다. 몬주는 이때 말한 원형로인데, 35년도 더 전에 완성될 예정이었다. 국가의 방침이 단순한 허풍이어서는 곤란하지만, 이제 와서 보면 굉장히 용감한 허풍이었다고 할 수 있다.

또한 1967년의 원자력계획[52]에는 '쇼와 60년대 초기에 실용화를 기도할 수 있도록 촉진하겠다'라며 구체적인 계획까지 잡혀 있었다. 쇼와라는 때가 실감이 나지 않는 사람도 많아졌으므로, 서기로 바꾸어 말하면 1980년대 중반쯤, 즉 벌써 30년 전의 일이다.

---

51. 原子力政策大綱, 2005年.
52. 「財団法人日本原子力文化振興財団」에서 제작.

3) 아직 시간이 더 걸린다? 고속증식로의 실용화

이처럼 고속증식로는 지연되고 있지만, 정부는 아직도 포기하지 않았다. 살아 있는 사람이라면 수십 년이 지나면 나이도 들고 포기하게도 되지만, 나라는 수명이 없기 때문에 포기하지 않는 것이다.

후쿠시마 원전사고 전의 이야기인데, 정부의 원자력계획[53]에서는 2050년 쯤에 고속증식로를 상업용으로 도입한다고 주장했다. 또다시 40년을 기다려야 하는 것이다. 원자력공학을 중심으로 하는 기술자나 학자도 고속증식로가 완성되었을 때의 이익을 외치고 있다.

나는 기술전문이 아니기 때문에 기술적 측면의 이야기는 할 수 없지만 원자력 정책의 역사에 대해서는 공부해 왔다고 자부한다. 역사를 아는 것은 매우 중요한 일이다. 어떤 일이든 미래의 계획만을 의논해서는 실현가능성이 있는 이야기인지 아닌지 알 수 없지만, 과거의 정책을 되짚어 보면 어느 정도 예상이 가능하기 때문이다.

과거를 뒤돌아보면 '~까지 실용화'한다는 것은 마치 염불을 외듯이 반복적으로 제창되어 왔다. 원자력발전산업에 있어서는 그러한 약속이 전혀 이행되지 않았다. 항상 지연되고 말았는데, 이번과 같은 경우에도 실현성은 굉장히 의심스럽다고 말할 수밖에 없다.

지금까지 수십 년에 걸쳐, 수조 엔을 들여도 실현할 수 없었다 함은 원래대로라면 정책실패로 받아들여야 한다. 이러한 계획은 실현이 불가능하다고 단언할 수 있다. 따라서, '2050년까지 실용화'한다는 지금의 계획도 허황된 꿈에 지나지 않을 것이다.

---

53. 鈴木達治朗 「核不拡散・核軍縮問題と原子力技術」吉岡斉編集代表 『新通史 日本の科学技術 第1巻』原書房, 2011年.

4) '몬주'도 갈 길이 멀다

허황된 꿈이라 말한 데에는 이유가 있다.

앞서 '몬주'는 원형로라고 설명했다. 이는 아직 검증단계의 원자로라는 의미이다. '몬주' 전에는 1971년에 실험로인 '상양(常陽)'이라는 원자로가 만들어졌는데, 이는 발전(發電)하지 않는 원자로였다. 하지만 '몬주'로는 발전해 보려고 하는 것이다. '몬주'는 장기간에 걸친 실험을 끝내고 실증로(實證爐)가 되었다.

실증로는 보통 원전과 같은 규모로 상정되었다. 여기서 경제성이 정말로 있는지 없는지를 조사하는데, 일이 순조롭게 진행되면 전력회사가 사용하는 '상용로(商用炉)'가 되는 것이다.

이 얼마나 긴 프로세스인가. 아직 '몬주'조차도 정상적으로 가동한 적이 없는데, 장기간 운전한 후에 '실증로'를 건설하고, 안정적으로 운전시키고 나서야 비로소 실용화될 수 있는 것이다.

그렇다면, 2050년까지 가능할까? 답은 'NO'이다. 왜냐하면 원전을 계획, 건설하기 위해서는 약 20년 정도가 걸리기 때문이다. 2050년이라 하면 먼 미래의 이야기처럼 들릴지도 모른다. 하지만 건설하는 데 20년 걸린다는 말은 2030년에는 상용로의 계획이 구체적으로 잡혀 있어야만 한다는 뜻이다. 이 책을 쓰고 있는 시점이 2012년이므로 앞으로 18년이란 시간이 남아 있다.

하지만 실제로는 실증로는 고사하고 원형로인 '몬주'마저 가동하고 있지 않은 상태이다. 상용로 전의 실증로에 대한 계획마저 없는 상황으로, 이 상태에서 어떻게 2050년까지 개발할 수 있다고 말할 수 있는 것일까? 원자력 정책에서는 상식적으로는 생각할 수 없는 일이 많이 일어나는데, 고속증식로는 그 표본이라고 해도 과언이 아니다.

5) 고속증식로 개발은 당장 중지해야 한다

논리성이 결여된 말들을 늘어놓으며 즉흥적으로 정치가들을 납득시키고, 사람들을 기만하면서 정책을 실시해 나가는 것이 지금까지의 원자력 개발이었다. 게다가 그 개발비용은 모두 국가가 지불한다. 이와 달리 민간기업이 자신의 이익 범위 내에서 기술 개발을 한다면 이해할 수 있지만, 거액의 비용을 모두 국민이 부담하는 것이 원전이 취한 방식이다. 국가라고 해도 처음부터 돈을 가지고 있는 것은 아니므로 결국은 국민이 세금으로 내는 것이다. 국가의 부채가 1000조 엔을 넘으려고 하는 지금 이러한 일에 돈을 지불할 여유는 없지 않을까?

기술적으로도 실현이 어려운데도 돈은 국가가 부담하는 사업이 바로 고속증식로 개발인 것이다. 그렇다면 어떻게 해야 할까? 당장 국가 차원에서 개발하는 것을 멈추어야 한다.

한때 미국, 독일, 프랑스를 중심으로 선진국들도 고속증식로를 개발하려고 했었다. 하지만 반대의견이 거세거나 경제성이 부족하다는 사실 등을 이유로 모두 개발을 포기했다. 현명하면서도 당연한 판단이라고 할 수 있다.

러시아나 뒤늦게 쫓아 온 중국이나 인도는 고속증식로 개발을 포기하지는 않았지만, 일본의 경험을 비추어 보면 상당히 어렵다는 사실을 알 수 있다. 적어도 실적을 고려하면, 일본의 고속증식로 개발은 실패했다. 더 이상 질질 끌고 갈 수는 없다.

6) 고속증식로가 사라지면 플루토늄을 채취할 이유가 없어진다

고속증식로에 고집하는 일본이지만, 이제 불가능하다는 사실을 깨달았다.

그렇다면 재처리는 어떻게 되는 것일까?

이전 주제로 돌아가 보자. 재처리는 '사용후 원료로부터 플루토늄을 채취하는 일'이었다. 플루토늄의 용도는 본래 고속증식로에서 소각되는 것이었다. 고속증식로(이제 불가능하지만)에서 소각되어야 비로소 플루토늄이 증가한다. 플루토늄을 사용할 장소인 고속증식로가 없어져 버렸다. 따라서 재처리할 이유가 사라진 것이다. 굉장히 단순하며, 더 이상 설명할 필요가 없다.

그런데, 아직도 재처리를 하려고 하고 있는 것이다. 어째서일까?

3. 핵무기의 원료가 되는 플루토늄

플루토늄은 원자력발전에 이용될 수 있지만 핵무기 재료도 될 수 있다.

문부과학성(文部科學省)이 위탁하여 만든 정보사이트에 '아토민'이라는 것이 있다. 원전사고 후 부적절한 내용이 있다는 이유 등으로 폐쇄되어 버렸는데, 재처리 후에 생기는 원전용 플루토늄으로는 핵무기를 만들 수 없다고 쓰여 있었다.

하지만 이 주장이 꼭 옳다고 할 수는 없다. '핵정보'라는 시민 사이트(http://kakujoho.net/)에 알기 쉽게 표기되어 있는데, 원자력위원회 위원장대리 스즈키 타즈지로(鈴木達治朗) 씨도 어느 책에서 핵무기를 만들 수 있다고 설명하고 있다.

"원자로급 플루토늄은 (중략) 핵무기로는 사용하기 어려우며 핵무기 제조에는 '적합하지 않다'는 의견이 있는데, 이는 정확하지 않다. 예를 들어 미국의 에너지성의 보고에 의하면 '원자로급 플루토늄으로도 고도의 설계기술을 이용하면 고도의 파괴력을 가진 핵무기의 생산이 가능하다'고 쓰여 있다."

이러한 견해로부터, 재처리를 무리하게 지속하는 것은 핵무기를 보유하겠다는 심산이 아니냐고 의심하는 사람들도 있다. 실제로 나도 해외에서 질문을 받은 적이 있다. 핵무기 보유국이 아닌 국가들 중 일본만이 플루토늄을 채취하고 있기 때문에, 해외 입장에서 보았을 때 그 의도가 무엇인지 의심하는 것이다.

실제로 상업용 원자로만으로 인도는 핵 보유국이 되었다. 로켓기술도 보유한 일본이 핵 미사일을 개발하려고 하면 얼마든지 개발할 수 있는 것이다. 사실상 핵 전문가들 중에서 일본은 잠재적으로는 이미 핵 보유국이라고 주장하는 사람들도 있다.

하지만 나는 현재 정부가 핵무기를 실제로 보유하려고 하는 것이라고 생각하지 않는다.

국제사회는 핵무기가 다양한 국가들로 확산해 나가는 것을 방지하기 위해 핵불확산체제(核不拡散體制)를 수립했다. 이 핵불확산체제 속에서 일본은 IAEA(국제원자력기관)의 사찰을 받고 있다. 핵무기를 보유하려고 하면 이 체제에서 벗어나야 하는데, 미국을 포함한 국제사회는 이를 용납하지 않을 것이다.

1) 플루토늄은 비축해 놓을 수 없다

국가가 핵무기를 개발할 생각이 없어도 플루토늄을 가지고 있다는 것만으로도 위험하다고 할 수 있다. 플루토늄은 맹독성을 지닌 반면 휴대하기 쉽다는 특징이 있기 때문이다.

프린스턴 대학의 프랭크 반 히펠(Frank Von Hippel) 교수는 플루토늄은 밀폐시키면 캔에 넣어서 가지고 다닐 수 있다고 주장했다. 실제로 이는 사실이다. 플루토늄에서 나오는 방사능은 알파파(波)라는 것으로 종이 한 장에 막혀 버린다. 따라서 캔에 밀폐시켜 버리면 휴대할 수 있는 것이다(사진 5-1).

사진 5-1
캔 안의 플루토늄을 옮기는 작업원
(자료 : 프랭크 반 히펠 교수 제공)

핵무기 재료도 되고, 휴대도 할 수 있다. 이러한 이유 때문에 플루토늄은 테러리스트들의 타깃이 되곤 한다. 그래서 플루토늄은 국제적으로 강한 규제를 받고 있다. 사용목적이 없는 플루토늄은 가지고 있어서는 안 된다는 것이 원칙이다.

따라서 일본에도 플루토늄을 남기지 않도록 하자고 국가 원자력위원회에서 결정했다. 사용목적이 없는 잉여 플루토늄은 보유하지 않는다는 방침이 2003년에 결정되었다.

2) 오갈 데 없는 플루토늄은 어디로

재처리와 고속증식로를 병용하여 플루토늄을 이용하자는 것이 본래의 계획이었다. 그런데 고속증식로의 실용화가 전혀 이루어질 수 없게 되었기 때문에 플루토늄이 남기 시작한 것이다.

애석하게도 고속증식로가 완성되기 전에 일본의 전력회사는 사용후 연료의 재처리를 프랑스와 영국에 의뢰한 상태였다. 이미 이렇게 해외에서 재처리된 플루토늄이 일본으로 하나둘씩 수송되고 있다.

남아서는 안 되는 플루토늄이 점점 늘어나고 있다. 즉 플루토늄의 잉여가 증가하고 있고, 이래서는 국제공약을 위반하는 꼴이 된다.

이때 정부는 플루토늄을 일반 경수로에서 소각해 없애 버리자는 생각을 했다. 이러한 사정으로 인해 갑자기 각광받게 된 것이, 플루토늄을 우라늄 연료와 섞어서 MOX연료라는 것을 만들고 이를 경수로에서 사용하자는 '플루서멀'이다. 요는 지금의 원전(경수로)에서 플루토늄을 소비하자는 것이다.

본래 고속증식로에서 플루토늄을 써 나가려고 했는데 그것이 불가능해졌으므로 플루서멀 계획이 중심이 되어 버렸다고 할 수 있다. 원래는 조연급이었는데 플루토늄의 소비를 목적으로 플루서멀이 진행되게 되었다.

3) 무리하게 진행되는 플루서멀

플루서멀에는 다양한 문제점들이 있다. 자원의 효율성이나 경제성 문제는 물론이거니와, 무엇보다 종래의 원전이 플루서멀을 전제로 하여 건설된 것이 아니기 때문에 더욱 위험하다는 사실이다. 또한 재처리공장에서 나오는 방사성 물질의 양은 원전과 비교가 안 될 정도로 많다.

1999년 영국에서 제조된 MOX연료의 데이터가 개찬(改竄)되는 사건이 일어났다. 그 일을 계기로 플루서멀은 시민에게 날카로운 비판을 받게 되었다.

데이터 개찬 사건 후 입지 자치단체도 플루서멀을 수용하는 일에 긍정적인 태도를 취하지는 않았다. 하지만 국가는 플루서멀을 강경하게 추진하고 있다. 이때문에 소비된 돈이 교부금이다. 이 교부금에는 '핵연료 사이클 교부금'이라는 이름이 붙여졌다.

핵연료 사이클 교부금은 2008년도까지 플루서멀의 수용을 표명한 자치단체(도도부현(都道府県))에 주어지는 것이다. 이 교부금은 5년동안 원전 1기당 총 60억 엔이 교부되었다.

플루서멀을 유도하기만을 위해 만들어진 교부금이 핵연료 사이클 교부금이다. 이 돈으로 공공연히 정책을 유도하며 노골적으로 플루서멀이 진행되었다. 실제로 이 교부금이 만들어진 이후로 입지 자치체는 하나둘씩 플루서멀을 수용하기 시작했다.

일본에서는 2009년부터 플루서멀이 개시되었다. 후쿠시마 제1원전 3호기도 그 중 하나로 2010년 10월부터 플루서멀이 진행되었다. 플루서멀은 자연스럽게 받아들여진 것이 아니다. 오히려 정부로 인해 억지로 추진되어 왔다고 말할 수 있다.

4. 추진 중인 재처리사업

전술한 바와 같이 사용후 원료로부터 플루토늄을 채취하는 재처리 작업은 지금까지 영국이나 프랑스에 의탁해 왔다. 일본은 최종적으로 국내에서 모두 재처리할 생각이다.

이 재처리를 담당하고 있는 것이 민간기업인 일본원연(日本原燃)이다. 일본원연은 민간기업이면서 핵연료 사이클 사업을 담당하는 국책회사이기도 하다. 일본원연의 주요 시설은 아오모리(青森)현의 6곳의 마을에 있다. 재처리공장 외에 우라늄 농축공장, 저준위 방사성 폐기물 매설센터, 고준위 방사성 폐기물 저장관리센터, MOX연료공장이 있다. 모두 핵연료 사이클의 중요한 일부이다.

고속증식로와 같이 재처리공장의 건설이나 운전도 일정이 대폭 지연되었다. 예를 들면 1996년의 「원자력백서」에는 1970년도에 재처리공장의 가동을 개시한다고 쓰여 있다. 하지만 실제로는 매우 많은 문제들로 인해 완성이 몇 번이나 연기되었다. 이미 영업운전을 하고 있어야 할 시기지만 아직 가동하고 있지 않다.

2006년부터는 2010년에 본격 가동할 예정으로, 실제로 사용후 원료를 사용하여 시험을 하는 '액티브시험'이 시행되었다. 하지만 이도 사실은 계획대로 진행되지 않았다. 재처리 시 발생하는 고준위 방사성 폐기물을 유리와 섞는 공정에서 문제가 발생하여 멈춰 버린 것이다.

후쿠시마 원전사태 이후 원자력 정책은 많은 비판을 받았고 재처리의 전망도 알 수 없게 되었다. 원래 이러한 상황에서는 재처리공장을 중지시키고 한발 멈추어 서야 하는 것이 맞다. 하지만 일본원연은 2012년 6월 재처리공장의 시운전을 개시하고 말았다. 재처리가 어떻게 될지 모르는 와중에 무리하게 운전을 재개한 것이다.

1) 왜 전력회사는 재처리를 진행하려고 하는 것일까

플루토늄이 본래 가야 할 곳인 고속증식로는 완성될 전망이 보이지 않는 상태이다. 애당초 고속증식로는 고사하고 후쿠시마 원전사태 이후 원전의 운전 그 자체가 불가능해졌다. 플루서멀을 추진하는 것은 도저히 불가능한 상황이다.

그럼에도 불구하고 재처리공장을 어떻게든 가동시키려고 하는 이유는 무엇일까? 그 이유는 원전문제의 근본에 귀속한다. 즉 사용후 원료의 처분문제이다.

후쿠시마 원전사고가 발생한 후 원전시설 안에 사용후 원료의 저장소가 있고 그곳에 사용후 원료를 모아 두고 있다는 사실을 많은 사람들이 알게 되었다. 원전에서 나오는 사용후 원료는 원전의 부지 내에 저장되어 있다.

전력회사는 일정기간 저장하면 재처리한다는 명목으로 사용후 연료를 6곳의 재처리공장으로 수송하고 있다. 어디까지나 재처리를 위한 일시적 보관이라는 것이 명목이다. 재처리라는 명목이 있기 때문에 원전으로부터 6곳의 마을로 수송되고 있다.

재처리공장이 멈춰 버리면 어떻게 될까? 6곳의 재처리공장이 있는 아오모리(青森)현은 재처리를 한다는 목적으로 중간저장(임시거치)하는 것을 인정했다. 재처리공장이 멈춰 버리면 재처리를 위한 저장이라는 명목이 사라진다. 그렇게 되면 사용후 연료를 받아주지 않게 되고 말 것이다.

그러면 사용후 연료를 보낼 곳이 사라진다. 사용후 연료를 놓을 곳이 없어지므로 원전 부지 내에 놓을 수밖에 없게 된다.

하지만 부지에 놓을 수 있는 양은 한정되어 있다. 원전은 옛날부터 '화장실 없는 맨션'이라고 불렸다. 말 그대로 사용후 연료가 갈 곳이 사라지기 때문에 원전을 가동시킬 수 없게 되는 것이다.

이러한 사실을 나타내고 있는 것이 〈그림 5-2〉이다. 이는 6곳의 재처리공장에서 반송된 경우 언제까지 원전운전이 가능한가를 나타내고 있다. 예를 들어 재처리공장이 가동하지 않고 보낸 것이 반송되어 오면, 큐슈전력겐카이(九州電力玄海) 원전에는 2012년에도 사용후 연료를 보

전력회사	발전소		발전출력(MW)	저장용량 초과연도	2013	2014	2015	2016	2017	2018	2019	2020	2021	2022	2023	2024	2025	2026	2027	2028	2029	2030
홋카이도 전력	토마리	3기	2,070	2025	■	■	■	■	■	■	■	■	■	■	■	■						
토호쿠 전력	오나가와	3기	2,174	2017	■	■	■	■														
	히가시도오리	1기	1,100	2027	■	■	■	■	■	■	■	■	■	■	■	■	■	■				
도쿄 전력	후쿠시마 제1	2기	1,884	2012																		
	후쿠시마 제2	4기	4,400	2012																		
	카시와자키카리와	7기	8,212	2014	■																	
츄부 전력	하마오카	3기	3,617	2016	■	■	■															
호쿠리쿠 전력	시카	2기	1,898	2026	■	■	■	■	■	■	■	■	■	■	■	■	■					
간사이 전력	미하마	3기	1,666	2015	■	■																
	타카하마	4기	3,392	2015	■	■																
	오오이	4기	4,710	2016	■	■	■															
츄고쿠 전력	시마네	2기	1,280	2014	■																	
시코쿠 전력	이카타	3기	2,022	2016	■	■	■															
큐슈 전력	겐카이	4기	3,478	2012																		
	센다이	2기	1,780	2022	■	■	■	■	■	■	■	■	■									
일본 원전	츠루가	2기	1,517	2016	■	■	■															
	토카이 제2	1기	1,100	2013																		

주 : ■는 기설 발전소의 운전가능 기간.
자료 : 원자력발전·핵연료 사이클 기술검토소위원회(제12회) 자료, 2012년 4월 19일.

그림 5-2 6개소 저장연료의 반송에 의한 발전소 관리용량의 초과시기

관할 곳이 없어진다.

그 외도 크게 다를 바가 없다. 앞으로 4년 이내 이렇게 될 원전은 일본원자력발전토카이(日本原電東海) 제2원전(1년), 토호쿠전력오나가와(東北電力女川) 원전(4년), 도쿄전력카시와자키카리와(東京電力柏崎刈羽) 원전(1년), 추부전력하마오카(中部電力浜岡) 원전(3년), 간사이전력(関西電力)(2~3년), 추고쿠전력(中国電力)(1년), 시코쿠전력(四国電力)(3년)의 모든 원전이다. 머지 않아 일본의 모든 원전들이 이와 같이 될 것이라는 사실은 명백하다.

사용후 연료를 보관할 곳이 없으면 사용후 연로는 넘쳐날 것이고 그렇게 되면 원전을 중지할 수밖에 없게 된다.

사태는 단순하다. 재처리는 사용후 연료를 보관하기 위해 필요하다는 상황이 되어 버린 것이다. 이것이 고속증식로의 개발에 실패해도 전력회사가 재처리를 고집하는 진짜 이유이다. 눈 가리고 아웅 하는 격이지만, 모든 원전이 중지될 가능성이 있으므로 재처리만큼은 어떻게든 가동시켜야 한다는 것이 전력회사의 생각이다.

5. 고가의 재처리, 플루토늄 이용

이제 사용후 연료를 재처리하여 플루토늄 이용을 촉진하는 본질적인 이유가 사라졌다. 지금은 우라늄을 절약할 수 있다, 폐기물 처분장의 면적이 좁아진다며 그럴싸한 이유를 들고 있지만, 본래 주장했던 이유가 아니다. 솔직하게 털어놓으면, 이미 시작해 버린 이상 이대로 끝낼 수는 없다는, 이러지도 저러지도 못하는 상황인 것이다.

재처리는 친환경적인 공정을 거치는 것이 아니다. 사용후 연료라는 강한 방사선을 배출하는 물질을 처리하는 것이기 때문에 재처리공장에서는 방사능이 나온다. 또한 사고에 대해서도 고려해야 한다. 재처리를 하지 않는 것이 낫다는 것은 불 보듯 뻔한 사실인데, 이대로 진행하려고 하고 있는 것이다.

그렇다면 이대로 진행해 나갔을 경우 도대체 비용이 얼마나 들까? 또한 어떻게 비용을 부담하려는 것일까? 다음에는 핵연료 사이클에 드는 비용을 살펴보도록 하겠다.

1) 이미 시작된 재처리비용 적립

원자력발전소가 발전을 개시하는 데 있어 계획을 세운 후로부터 약 20년의 시간이 필요하다고 했다. 원전은 매우 긴 시간을 필요로 하는 발전방식이라는 점이 특징인데, 재처리는 그 이상으로 긴 시간이 필요하다.

6곳의 재처리공장은 아직 완성되지는 않았지만, 계획을 세웠던 시점에서 벌써 40년이 넘는 시간이 경과했다. 이 공장들은 만약 가동했었다고 하면 향후 40년에 걸쳐 재처리를 실시할 것이다. 재처리공장은 대량의 방사능을 취급하는 화학공장과 같은 것이므로 조업을 시작하면 내부는 극도로 오염될 것이다.

때문에 재처리공장을 폐장한 후 공장을 처분해야 한다. 이 작업에도 수십 년의 시간이 필요할 것이다.

안전하게 조업(操業)해야 하는 것은 물론이고, 여기서 문제 삼고 싶은 부분은 재처리의 비용을 누가 부담하느냐는 것이다.

재처리는 사용후 연료로부터 플루토늄을 채취하는 것이다. 재처리

단계에서 핵연료는 사용후의 폐기물이 되어 가는 것이다. 즉, 사용후 연료로부터는 아무것도 생산되지 않는 상황인 것이다.

문제는 여기에서 발생한다. 발전하는 시기와 재처리하는 시기에 큰 차이가 있다는 점이다. 사용후 연료가 재처리되는 것은 발전 후 수십 년이나 지난 시점이 될 가능성도 있다.

돈이 없으면 당연히 재처리도 할 수 없기 때문에 사전이 미리 재처리 비용을 적립해 둘 필요가 있는 것이다.

재처리비용은 막대하다. 2004년 재처리비용의 견적이 산출되었는데, 그 이유는 재처리만으로 전력회사의 이익 태반이 소모될 가능성이 있었기 때문이다. 이대로라면 재처리만으로 전력회사들이 파산하고 말 것이다. 파산하지 않더라도 원자력 자체가 지속될 수 없게 될 것이다.

그래서 생각해 낸 것이 사용후 연료가 나온 단계에서 재처리요금을 적립해 버리는 방법이었다. 이 발상으로 인해 적립과 관련하여 특별한 법률이 만들어졌고, 이 법률로 인해 재처리비용은 전기요금에 포함되어 납부되도록 규정된 것이다.

6. 재처리비용 여하

그렇다면 실제로 재처리에 드는 비용은 얼마일까?

결론부터 말하면 막대한 돈이 들어간다고 할 수 있다. 2003년 정부의 시산에서는 재처리를 포함한 핵연료 사이클의 총사업비용이 18조 8,800억 엔이라고 발표했다(표 5-1).

시산된 것은 2005~2046년 40년간 3.2만 톤의 사용후 연료를 처리

표 5-1 백엔드비용의 추계

재처리	11조 엔
반환된 고준위 방사성 폐기물 관리	3,000억 엔
반환된 저준위 방사성 폐기물 관리	5,700억 엔
고준위 방사성 폐기물 수송	1,900억 엔
고준위 방사성 폐기물 처분	2조 5,500억 엔
TRU 폐기물 지층처분	8,100억 엔
사용후 연료 수송	9,200억 엔
사용후 연료 중간저장	1조 100억 엔
MOX 연료 가공	1조 1,900억 엔
우라늄 농축공장 백엔드	2,400억 엔
합계	18조 8,800억 엔

자료 : 종합자원 에너지조사회 전기사업분과회 비용검토소위원회 "백엔드 사업전반에 걸친 비용 구조, 원자력발전의 전체적인 수익성 분석·평가" 2004년.

하는 데 필요한 비용이다(2005년부터로 돼 있는 것은 원래 그쯤에 재처리공장이 가동할 예정이었기 때문에).

이 중에서 제일 돈이 많이 드는 분야는 재처리이며 6곳의 재처리공장과 관련하여 12조 6,000억 엔이 필요하다. 2011년 정부가 새롭게 개정하여 발표한 바에 의하면 6곳에서의 재처리 사업비는 12조 2,000억 엔이므로 전망은 거의 바뀌지 않았다고 말할 수 있다.

단 예상외의 문제가 닥치면 비용은 증가할 수 있다. 2003년도, 2011년도 6곳의 재처리공장이 가동하고 있었던 것은 아니므로 현실적으로 비용이 얼마나 될지는 확실히 말할 수 없는 실정이다.

1) 비용은 앞으로 더욱 늘어날 것이다

정말로 이것이 전부인지 의문은 끝나지 않는다. 적어도 다음의 네 가지는 분명하다.

첫째는 백엔드사업의 범위이다. 총액이 18조 8,800억 엔이었는데, 이 밖에도 비용이 있었다고 하면 그것은 사기와 다를 바 없다.

하지만 실제로 이 계산에 포함되어 있지 않은 것이 있다. 예를 들면 열화우라늄이 계산에 포함되어 있지 않다. 이는 우라늄의 농축과정에서 발생하는 것인데 지금의 원전에서는 이용할 수 없지만 고속증식로에서라면 이용할 수 있다고 하여 폐기물에 분류되지 않고 저장한다는 방침을 두고 있다.

고속증식로 계획은 이미 본 바와 같이 파산했다. 그렇게 되면 열화우라늄은 그저 쓰레기에 불과하다. 이 비용은 18조 8,800억 엔에는 포함되어 있지 않다.

비슷한 요소로 감손 우라늄도 포함되어 있지 않다. 이는 재처리과정에서 나오는 것인데 이도 다시 한 번 재농축하거나 플루토늄과 혼합하여 경수로나 고속증식로에서 이용할 수 있다고 되어 있지만 검토대상에는 포함되어 있지 않다.

또한 MOX 사용후 연료의 재처리 내지는 처분비용이 검토되어 있지 않다. MOX 사용후 연료를 재처리한다면 MOX 사용후 연료의 재처리 시설이 필요하고 그에 수반하는 비용이 당연히 필요해진다. 또한 재처리하지 않는다고 해도 MOX 사용후 연료의 처리·처분 비용이 추가적으로 필요하다. 정부의 방침은 MOX 연료의 이용을 본격적으로 추진하려는 것이기 때문에 이 점 또한 충분히 고려해야 할 사항인데 검토되어 있지 않다.

즉 18조 8,800억 엔은 MOX 연료의 이용과 6곳의 재처리공장에서의 재처리를 전제로 하고 있을 뿐, 전제를 재검토하려고 하지 않고 MOX 사용후 연료의 취급이나 고속증식로 개발과의 관계는 모호한 상태로 둔 채, 최근 수십 년간 MOX 연료 이용과 관련하여 발생할 것이라 예상되는 비용의 극히 일부를 검토하고 있을 뿐이다.

2) 전기요금에서 징수되는 재처리비용

그렇다면 우리들은 이 때문에 어느 정도의 돈을 내고 있는 것일까? 「유가증권보고서총람」의 재무데이터를 보면 9개 전력회사로 연간 2,500억 엔 정도이다. 이는 모두 전기요금에 포함되어 징수되고 있다.

이 비용은 전기요금의 명세서에는 쓰여 있지 않다. 꼭 자택의 명세서를 한 번 확인해 볼 필요가 있다. 재생가능에너지만이 '재생가능에너지 발전부과금 등'(재생가능에너지 발전촉진부과금)이라고 쓰여 있다(2012년 7월부터 기재).

이 명세서를 보면 '왜 솔라 패널을 설치한 가정에 자신들이 돈을 내야 하는 건가' 하는 의문을 가질지도 모르지만, 사실은 보이지 않는 곳에서 재처리비용은 줄곧 납부되고 있었던 것이다.

왜 명세서에는 표기되지 않는 것일까? 제3장에서 설명한 총괄원가방식 중에서 재처리비용을 발전원가에 포함시켜도 된다고 규정되어 있기 때문이다. 이에 반해 재생가능에너지는 '추가'라는 형태를 띠고 있다. 원전 관련 비용은 은닉시켜 보이지 않고, 재생가능에너지는 보이도록 노출시켜 놓은 것이다.

전기요금의 명세서에 대해 추가적으로 살펴보겠다.

후쿠시마 원전사고 후 도쿄전력뿐만 아니라 원전을 보유한 전력회사가 손해배상비용을 염출(捻出)하기 위해 '부담금'을 지불하게 되었다. 이 부담금은 모든 전력요금에서 징수할 수 있도록 되어 있다. 즉 손해배상비용이 국민들의 추가적 부담으로 납부되고 있는 것이다. 이 또한 전기요금의 명세서에는 표시되지 않는다.

제2장에서 논한, 원자력을 주력으로 추진하기 위한 전원개발촉진세도 명세서에는 나타나 있지 않다. 이도 사용 전력량에 의해 금액이 변하지만 한 세대당 한 달에 150엔 정도를 지불하고 있다. 즉 소비자가 알면 불편한 진실들은 숨기고 있는 것이다.

백엔드비용은 막대하며 앞으로도 불어날 전망이다. 백엔드비용 18조 8,800억 엔이라는 시산에는 몇 가지 문제점들이 있고, 방침을 전환하지 않은 채 이대로라면 재처리비용이 증가할 것이다.

게다가 이미 전기요금에 포함시켜 징수하는 제도가 도입되었고 이용자들은 돈을 지불하고 있다. 또한 이용자가 현재 부담하고 있는 비용은 고작 6곳의 재처리공장에서 재처리를 하기 위한 적립금뿐이다. 모두 재처리하기 위해서는 더 많은 비용이 필요할 것이다.

나는 이러한 고비용의 사업에 국민의 합의를 얻을 수 있을지 의문을 품고 있다.

7. '10만 년 후의 안전'은 보장할 수 있는가

마지막으로 폐기물의 처분에 대해 살펴보겠다. 고준위 방사성 폐기물 등 방사성 폐기물에 대한 설명이다.

표 5-2 원자력발전 시설에서 나오는 방사성 폐기물의 종류 및 처분방법

<table>
<tr><th colspan="3">폐기물 종류</th><th>발생원(發生源)</th><th>처분방법</th></tr>
<tr><td colspan="3">고준위 방사성 폐기물</td><td>재처리 시설</td><td>고화한 후 30~50년 냉각저장. 그 후 300m 이상의 깊은 지층 속에 처분하여 인간사회로부터 격리시킴</td></tr>
<tr><td rowspan="6">저준위 방사성 폐기물</td><td rowspan="2">TRU 폐기물</td><td>핵종농도가 구분 표준치(1GBq/t)를 넘는 것</td><td rowspan="2">재처리 시설, MOX 연료 가공시설</td><td>여유로울 정도의 지하이용심도(深度, 50~100m)에 인공구조물을 설치하여 매설, 수백년간 관리함</td></tr>
<tr><td>핵종농도가 구분 표준치(1GBq/t)를 넘지 않는 것</td><td>농도, 발전소 폐기물의 처분방책에 따라 처분</td></tr>
<tr><td rowspan="3">발전소 폐기물</td><td>방사성 핵종농도가 비교적 높은 것</td><td rowspan="3">원자력발전소의 운전 및 해체</td><td>여유로울 정도의 지하이용심도(50~100m)에 인공구조물을 설치하여 매설, 수백년간 관리함</td></tr>
<tr><td>방사성 핵종농도가 비교적 낮은 것</td><td>천(淺)지중처분 : 일본원연 6개소 저준위 방사성 폐기물 매설센터에서 매설처분을 실시 및 계획중</td></tr>
<tr><td>방사성 농도가 지극히 낮은 것</td><td>고형(固形)상의 것은 간단한 방법에 의한 천지중처분</td></tr>
<tr><td colspan="2">우라늄 폐기물</td><td>우라늄의 전환, 성형가공, 농축 등</td><td>장기간에 걸친 계속적인 관리. 관리방식을 검토할 필요가 있지만 처리방법은 미정</td></tr>
</table>

자료 : 졸저 "再生可能エネルギーの政治経済学" 83페이지.

방사성 폐기물 문제에는 윤리적인 측면이 있다.

현대인들은 원전을 이용함으로써 전기라는 서비스를 받을 수 있다.

원전사고의 위험이 있는 한편, 원전으로 인한 이익도 동시에 발생하고 있다. 방사성 폐기물 문제가 없다면 위험과 이익은 동일세대의 사람들이 받는다.

하지만 원자력 이용에는 방사성 폐기물이 부수된다. 방사성 폐기물은 인위적으로 무해하게 만들 수가 없다. 이를 소멸시키는 연구가 없지는 않은데, 현재로서는 전혀 전망이 없다고 할 수 있다.

방사성 폐기물이 포함되어 있는 방사능 중에는 긴 반감기를 가진 것이 많이 있다. 예를 들면 우라늄238은 44.68억 년, 플루토늄239는 2만 4000년이다. 인간에게 있어서는 영구적인 것과 다름없다.

지금 전기를 사용하고 있는 사람들이 살아 있는 동안 자신이 배출한 폐기물에 대해 책임을 질 수 있다면 괜찮을 수도 있겠지만, 방사성 폐기물만큼은 다음 세대가 이어받을 수밖에 없다. 이어 나간다 하더라도, 이는 자산이 아니다. 미래의 사람들에게 있어서는 전기를 생산할 수도 없는 쓰레기에 불과하다. 게다가 방사선을 방출하고 인체에 유해하며, 안전하게 보관하는 데에는 돈이 드는 쓰레기이다.

이러한 문제를 '세대간 공평성' 문제라고 부르기도 하는데, 방사성 폐기물 문제는 이 전형적인 예라고 할 수 있다. 먼 미래에도 사라지지 않고 잔존하며 차세대에 민폐를 끼치는 폐기물은 가능한 한 만들어 내지 않는 것이 당연할 것이다.

사용후 연료의 재처리는 최악의 선택이다. 재처리를 함으로써 하지 않았을 때보다 성가신 것들을 만들어 버리고 만다. 가능한 한 재처리를 하지 않고, 적어도 사용후 연료의 형태 그대로 두는 편이 현명한 처사이다. 그렇게 해도 사용후 연료는 쌓여 가기만 하기 때문에 원자력 이용을 가능한 한 빨리 중단해야 한다.

정부는 고준위 방사성 폐기물이나 TRU 폐기물을 땅속 깊이 묻는 방침을 두고 있다. 하지만 지층처분(地層處分)은 세계적으로 실적이 없는 상황이다. 일본에서는 2002년에서 지증처분지 후보를 교부금을 제공하면서 공모하고 있지만 정식으로 입후보한 자치단체는 존재하지 않는다.

핀란드의 사용후 연료의 지층처분장 건설을 테마로 한 다큐멘터리 영화 '10만 년 후의 안전'(마이클 매드슨 감독)이 후쿠시마 원전사고 후 화제가 되었다. 사용후 연료의 방사능이 천연우라늄만큼 내려가기 위해서는 수만 년이나 걸린다는 이야기가 나온다. 정신이 아득해질 정도로 먼 미래까지 계속적으로 보관해야 하는 것이다.

인류에게 위험한 독물을 관리하고 있다는 사실을 미래의 세대에게 설명하는 것조차 난감하다. 애당초 이를 알려 줘야 하는지, 알려 준다면 어떻게 알려 줘야 할지 등을 영화에서 다루고 있다.

특히 일본 열도는 화산이 많고 지진이 자주 일어난다. 10년 후까지 대지가 오늘날의 형상을 유지하고 안전한 상태로 보호될 수 있을지에 대해서는 아무도 보장할 수 없다.

1) 남겨진 부의 자산을 어떻게 할 것인가

어쨌든 처분지도 결정되지 않고 구체적인 계획도 없는 상황에서 고준위 방사성 폐기물이나 TRU 폐기물의 매설처분 비용을 시산하는 것은 원리적으로 어렵다. 지층처분에는 기술적, 사회적으로 해결되어야 할 과제가 산더미처럼 많이 있다. 결국, 도대체 돈이 얼마나 들지에 대해서는 전혀 전망이 불가능하다.

방사성 폐기물은 피할 수 없는 원자력의 부(負)의 유산이다. 발전이 끝난 후에 반영구적으로 관리해 나가야 하는 이러한 폐기물은 또 없다. 고작 수십 년 동안 쌓인 폐기물을 10만 년 후의 미래 세대에 떠넘기는 일의 윤리적 의미를, 지금이야말로 생각해 볼 때이다.

우리들의 자손인 먼 미래 세대의 사람들에게서 다양한 자유나 권리를 빼앗을 자격이 우리에게는 없다. 방사성 폐기물 문제는 이토록 큰 질문을 우리들에게 던지고 있는 것이다.

제6장

일본 에너지의 미래

1. ‘인간의 부흥’은 에너지 정책전환을 향한 첫걸음
2. 배상 방식으로 원전의 추세가 변한다
3. 재생가능에너지로 미래를 개척한다
4. 재생가능에너지를 도약시킨다
5. 전기사업개혁으로 계획정전도 불필요해진다
6. 원전이 제로(0)가 되면 경제는 어떻게 될 것인가
7. 우리들 한 사람 한 사람이 할 수 있는 일
8. 원자력복합체의 해체는 필수
9. 에너지 민주주의를 되찾는 일

1. '인간의 부흥'은 에너지 정책전환을 향한 첫걸음

후쿠시마 원전사태가 일어나 버린 이상 피해 중심으로 에너지 정책을 전환할 필요가 있다. 우리들은 그 피해를 어떻게 고려해야 할까?

후쿠시마 원전사태는 많은 사람들을 정든 땅에서 몰아내고 인생을 크게 바꿔 버렸다. 피해자들은 태어나고 자란 땅을 떠나 삶의 보람이나 생활의 즐거움을 빼앗기고 미래가 불안해지는 고통을 겪고 있다.

"아무것도 필요 없으니까 원래대로 되돌려 주세요". 피해자들의 말은 원전사고의 피해를 한마디로 표현하고 있다. 후쿠시마 원전사고는 사람들의 고향을 파괴했고, 이는 금전으로는 환산할 수 없는 피해이다[54].

개인 수준에서는 적어도 ① 피난에 수반되는 육체적·정신적 피로, 경비부담, 시간상실, ② 직업상실로 인한 수입감소, ③ 이중생활로 인한 각종 부담증가, ④ '가족이산'으로 인한 불편함이나 정신적 고통, ⑤ 정든 땅을 떠나야 하는 정신적 고통, ⑥ 미래가 불투명해지면서 생기는 불안함과 스트레스 등이 있다.

또한 개인 수준을 넘어 지역 수준에서도 심각한 피해가 나오고 있다. 특히 피난구역으로 지정된 관계 시·읍·면에서는 지역이 통째로 피난하

54. 根本志保子「金銭換算できない精神的苦痛の考察—浪江町避難住民からの聞き取り調査より」『環境と公害』2012年夏号.

는 사태가 발생했다. 지역사회의 기능이 한 번에 상실되고 만 것이다[55].

이는 돌이킬 수 없는 피해이다. 이처럼 금전으로 환산할 수 없는 피해를 '절대적 손실'이라 부른다[56]. 이 '절대적 손실'은 금전적 배상으로는 해결될 수 없다. 이 부분은 피해자의 생활과 사회가 재건되는 일 말고는 배상될 수 없다.

하지만 현재 피해자에 대한 손해배상은 금전으로 환산될 수 있는 것만이 대상으로 되어 있다. 금전으로 환산될 수 없는 부분은 '정신적 고통'으로 일괄되어 있다. 뿐만 아니라 그 정신적 피해가 현실과는 동떨어진 내용이다. '정신적 고통'이란 현재 기준으로는 피난으로 인해 '일상의 평온한 생활이 실제로 방해된 일'이 주된 내용이다. 즉 사고로 인해 생활이 어지럽혀진 것이 '정신적 고통'이며, 진정되면 '정신적 고통'도 약해질 것이란 주장이다.

하지만 피해의 실태는 전혀 그렇지 않다. 피해자에게 가장 큰 고통은 고향을 잃은 일, 지금까지 경영해 온 인생 그 자체의 상실이기 때문이다. 피해자들과의 청취조사에 의하면 인생을 상실한 고통은 시간이 흐름에 따라 약해지기는커녕 증폭되고 있다[57].

피해지역에서는 무엇보다 '인간의 부흥'이 필요하다. 물론 금전적 피해에 대해서는 전면적으로 배상하고 회복 가능한 부분은 원상회복을 목표로 하는 것이 바람직한 해결방법이라고 할 수 있다.

하지만 한 번 상실되면 원래대로 돌아오지 않는 부분이 많이 있다는 사실을 잊어선 안 된다. 이러한 피해에는 손해배상이 아닌 어떠한 '대상

---

55. 寺西俊一「大震災後の農林水産業と地域コミュニティの復興・再生」寺西俊一・石田信隆編著『自然資源経済論入門3　農林水産業の未来をひらく』中央経済者, 2013年.
56. 宮本憲一『環境経済学』岩波書店, 1989年.
57. 根本, 前掲論文.

조치(代償措置)'가 필요할 것이다. 무엇보다 피해자들의 의향을 최대한 존중할 필요가 있다. 그러기 위해서는 생활 재건에 피해자가 주체적으로 관여할 수 있도록 해야 한다. 그것이 '인간의 부흥'으로 향하는 첫걸음이 될 것이다.

1) 손해배상의 과제

실제로 금전적 피해와 손해배상 지불금액은 차이가 있는 경우가 많기 때문에 금전으로 환산할 수 있는 요소들에 관해서도 주의가 필요하다.

앞서 설명했듯이 환경피해 중 금전으로 회복 가능한 것은 극히 일부이다. 이 중 금전으로 환산할 수 있는 피해라도 손해배상청구를 할 수 있는 금액(보상청구금액)은 그 일부에 지나지 않는다. 더욱이 손해배상청구를 해도 모든 금액이 배상되는 것은 아니고 일부는 배제되어 버린다. 따라서 환경피해의 전체를 봤을 때 '배상되지 않는' 피해 또한 발생하는 것이다(그림 6-1).

뿐만 아니라 손해배상이 충분하지 않음에도 불구하고 중단될 가능성까지 나오고 있다. 그런 일이 현대사회에서 일어날 리가 없다고 생각하면 큰 착각이다. 손해배상을 중단하려는 움직임은 이미 시작되고 있다.

2012년 8월 피난구역이 재편성되었다. 이는 피난지시를 단계적으로 해제하여 연간 피폭량이 20밀리시버트 미만인 지역 주민의 '귀환'을 촉진하려는 것이다.

애당초 20밀리시버트를 상한으로 하는 방식은 일반국민이 1밀리시버트 미만의 기준으로 생활하고 있는 것과 비교해 20배나 차이가 난다.

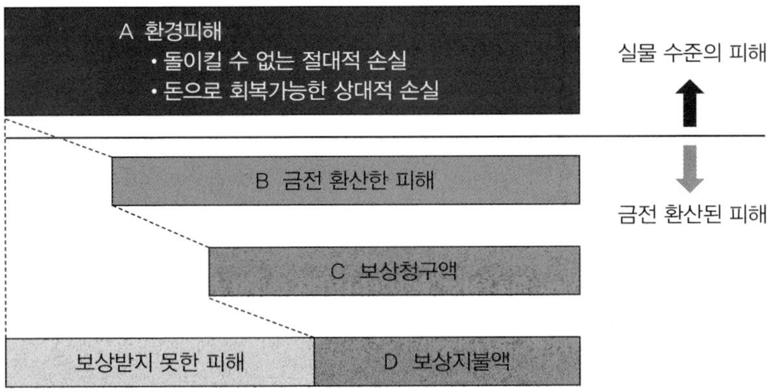

자료 : 오오시마 켄이치·요케모토 마사후미 『원전사고의 피해와 보상』 오오츠키 서점, 2012년 23페이지.

그림 6-1 원전사고와 피해, 피해보상

이는 피해자로부터 1밀리시버트 미만의 환경에서 생활할 권리를 빼앗고 있다. 아무리 피난구역이 해제되었다고 해도 사람들, 그 중에서도 특히 젊은 세대나 자녀를 키우는 세대 중에서 귀환하기를 주저하는 사람들은 당연히 있다.

더욱 문제인 것은 이 새로운 피난구역의 설정과 배상이 연결되려고 하는 것이다. 사고 후의 손해배상에 대해서는 지금까지 원자력손해배상분쟁심사회가 지침을 만들고 도쿄전력이 구체화하는 프로세스를 거쳐 왔다. 하지만 2012년 7월 이 프로세스와는 별개로 경제산업성(經濟産業省)이 의견을 제시했다. 이에는 피난지시가 해제되어 버릴 경우 손해배상이 중단될지도 모를 요소가 포함되어 있다.

물론 본래의 생활과 사회가 완전히 복원되고 피해가 사라지면 되는데, 실제로 피해자의 생활재건은 아직 진행되지 않은 상태이다. 또한 정부의 부흥정책으로 인해 피해자 주체의 생활재건이 이루어질지 어떨지는 매우 불투명하다. 현황은 이러한데 '귀환'과 손해배상 중단만이 먼저 이행되려 하고 있다. 개발관청인 경제산업성의 주도하에 도쿄전력이 이러한 일을 서서히 진행하고 있다[58].

이러한 문제는 전 국민에게도 남의 일이 아니다. 왜냐하면 전국 방방곡곡에 원전이 있기 때문이다. 한 번 사고가 일어나면 같은 사고가 많은 사람들에게 닥칠 수 있다.

도쿄전력이 손해배상과 생활재건을 완전히 이행하도록 해야 한다. 손해배상금액에 대해서 도쿄전력은 돈이 없으니까 손해배상의무를 어느 정도 축소해야 하는 것이 아니냐고 주장하는 사람들도 있다. 하지만 가해자에게 돈이 이것밖에 없으니까 손해배상액을 축소하자는 방식을 따르면 피해의 일부만 배상되어 버리고 말 것이다. 손해배상금액에 미리 상한을 설정하고 그 이상은 면책한다는 등의 조치는 절대로 용납할 수 없다.

2) '지원기구' 하의 손해배상 구조

도쿄전력은 손해배상마저 자력으로 이행할 수 없게 되었다. 2011년 '원자력손해배상지원기구'가 탄생하고 피해자의 손해배상 체제가 마련되었다. 이 체제하에서는 도쿄전력을 '지원'하기 위해 설치된 '지원기구'가 손해배상비용을 지원금 용도로 도쿄전력에게 지불한다. 이 출처는 국가가 지원기구에게 주는 '교부공채'이다. 정부가 현금을 갖고 있는 것이

---

58. 除本理史「原発避難者に迫る補償打ち切り一被害者の権利回復はどうあるべきか」『世界』 2012年10月号, pp. 61~69.

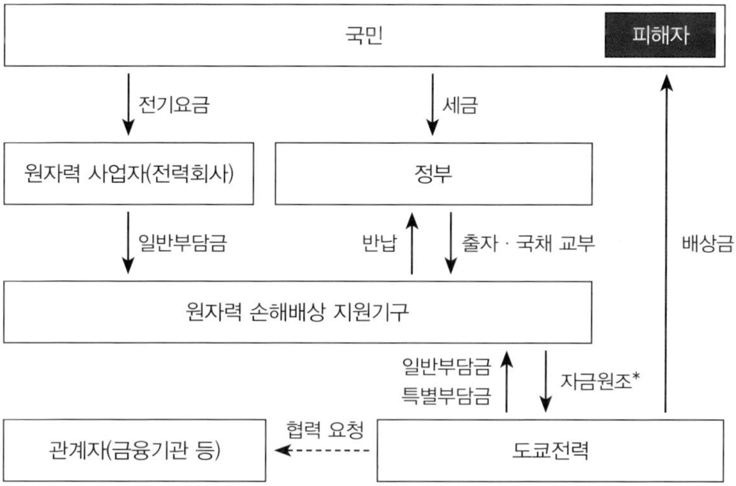

주 : * 자금교부, 주식인수, 대부, 사채 또는 약속어음 취득, 채무보증.
자료 : 『아사히신문』 2011년 8월 4일의 그림에 필자 가필.

그림 6-2 원자력 손해배상의 구조

아니므로 결국 국민의 세금으로 보충되도록 설계되어 있다(그림 6-2).

손해배상비용은 수조 엔 규모, 제염을 포함시키면 10조 엔을 넘을 가능성이 있다. 결국 최종적으로 손해배상비용이 얼마나 될 것인지 예상할 수 없는 상황인 것이다.

이렇게 방대한 금액이 도쿄전력에 투입되는데, 이 돈이 돌아올 수 있을까? 답은 'NO'이다. 이 체제는 도쿄전력에게 빌려 주는 것이 아닌, 간단히 말하면 '줘 버리는' 것이기 때문이다. 그 증거로 도쿄전력은 지원기구가 주는 '지원금'을 '특별이익'으로서 회계계산을 하고 있다. 가해자가 돈을 모두 지불할 수 없으므로 국가에서 돈을 가해자에게 주고 있다고 말할 수 있다.

하지만 이것 역시 도쿄전력에 너무 많은 혜택을 주고 있는 것이라고

표 6-1 각 전력회사의 일반부담금 지불금액

(단위 : 억 엔)

홋카이도 전력	33	츄고쿠 전력	21
토호쿠 전력	54	시코쿠 전력	33
도쿄 전력	284	큐슈 전력	85
츄부 전력	62	니혼 원자력발전	43
호쿠리쿠 전력	30	일본원연	14
간사이 전력	158	합계	815

자료 : 원자력 손해배상 지원기구 "일반부담금액 및 특별부담금액에 관하여" 2012년 3월 30일.

할 수 있다. 여기서 사고를 일으킨 도쿄전력과 원전을 보유한 전력회사는 지원기구에 '일반부담금[59]'을 지불하게 되어 있다. 〈표 6-1〉에서 볼 수 있듯이 2011년도(반기분) 전력회사의 지불총액은 815억 엔이었다. 지원기구는 이 일반부담금을 밑천으로 국가에게 돈을 지불하고 있는데, 모두 '돌려줄지' 여부는 모르는 일이다.

전력회사가 돈을 지불한다고 하여 안심할 수는 없다. 중요한 것은 이 부담금의 출처이기 때문이다. 이것이 전력회사가 낸 이익에서 나온 것이라면 전력회사가 부담했다고 할 수 있다. 하지만 그것이 아니라, 도쿄전력 이외의 전력회사들에 대해서는 전기요금에 추가해도 된다고 규정되어 있다. 즉 국민들에게 손해배상자금을 지불하도록 강요하는 구조인 것이다. 원전을 가동시킴으로 인해 발생하는 이익은 전력회사가 가지는데 사고로 인한 손해배상비용이 필요해지면 그 부담은 국민

59. 원전을 보유한 전력회사는 '지원기구'에 '일반부담금'을 지불한다. 도쿄전력은 여기에 '특별부담금'을 추가적으로 지불한다. 지원기구는 이 돈을 정부에 반환한다. '특별부담금'의 금액은 2012년 9월 현재까지 아직 미결인 상태이다.

이 지도록 만든 것이다.

왜 이렇게 되어 버린 것일까? 그 이유는 도쿄전력이 파산하지 않을 것을 원칙으로 삼고 있기 때문이다. 원래대로라면 도쿄전력의 자산을 모두 매각하고 일단 파산처리를 할 필요가 있었다. 이렇게 하면 주주에게 책임을 물을 수 있다. 또한 도쿄전력에 융자를 제공한 금융기관에도 대주(貸主)로서의 책임을 지도록 할 수 있다. 하지만 지금 도쿄전력을 포함한 관계자들은 자신이 손해를 보는 일 없이 잘 피해 가고 있다.

원래대로라면 사고비용은 사업주체가 부담해야 한다. 그렇게 해야 전력회사는 사고가 일어났을 때 경영이 파탄한다는 것을 알게 된다. 지금 구조에서는 사고비용이 전혀 경영에 영향을 미치고 있지 않다. 실제로 가장 돈이 많이 드는 부분이 원전인데, 자신이 돈을 내고 있지 않으므로 '원전이 저렴하다'고 착각하고 있는 것이다.

이는 큰 문제이다. 왜냐하면 전력회사나 금융기관에 있어 원전사고는 비용이 들지 않는 것으로 되어 버렸기 때문이다. 어차피 사고를 일으켜도 국민들의 주머니에서 돈을 가져가면 되니까 아프기는커녕 간지럽지도 않은 것이다.

번 돈은 내 것, 위험부담은 너(국민)의 것. 너무나도 뻔뻔스러운 구조이다. 이는 시장경제의 본래의 구조가 아니다. 시장경제의 구조는 이익을 얻는 자가 위험을 부담하는 것을 원칙으로 하고 있다. 이대로라면 어차피 자신이 지불하지 않아도 되니까 안전대책도 대충해 버릴지 모르는 것이다.

2. 배상 방식으로 원전의 추세가 변한다

도쿄전력은 지금까지 많은 경고와 우려의 목소리를 무시하고 유효한 대책을 마련하지 않은 채 무리하게 원전이용을 추진해 왔다. 이에 대한 책임을 지게 해야 한다.

또한 방사능 오염이나 방사선 피폭은 급성장애뿐만 아니라 수십 년 후에 만발성장애를 유발할 가능성도 부인할 수 없으므로 장기간에 걸친 피해자 구제체제를 마련할 필요가 있다. 말 그대로 미증유의 원전재해인 것이다. 피해자 보호에 있어서도 지금까지와는 다른 특별한 체제가 필요하다. 이는 향후의 사고방지로도 이어질 것이다.

경영측면을 고려해 보면 도쿄전력은 완전히 파산했다. 원래대로라면 실제로 파산처리를 진행해야 한다. 국영화를 계기로 자산을 차례대로 매각하고 현재 발생한 사고에 대한 손해배상의 재원을 마련하는 일부터 시작해야 한다.

역대 경영자들에게도 경영책임을 물어야 한다. 도쿄전력 스스로가 손해배상소송을 역대 경영자들에게 제기해도 좋을 것이다.

사고 당시의 시미즈 마사타카(清水正孝) 사장은 2011년 6월에 사임했지만 원래대로라면 징계를 받았어야 했다. 카츠마타 츠네히사(勝俣恒久) 전 회장도 2012년 6월에 사임했지만 그의 경영책임도 묻지 않았다. 뿐만 아니라 도쿄전력의 경영자들은 사임 후 관련기업에 재취직했다.(표 6-2).

사고 시 회장이었던 카츠마타 씨가 원자력발전 부문의 전력회사에 재취직한 일은 이 업계의 체질이 전혀 바뀌지 않았다는 사실을 고스란히 보여 주고 있다.

표 6-2 도쿄전력 역원의 재임

성명 및 도쿄전력 내 직위	퇴임 후
카츠마타 츠네히사(勝俣恒久) · 회장	일본 원자력발전 사외이사
시미즈 마사타카(清水正孝) · 사장	후지석유 사외이사
타케이 마사루(武井優) · 부사장	아라비아석유 사외감사
아라이 타카오(荒井隆男) · 상무	후지석유 감사
타카츠 히로아키(高津浩明) · 상무	토코전기 사장
미야모토 후미아키(宮本史昭) · 상무	일본 필드 엔지니어링 사장
키무라 시게루(木村滋) · 이사	전기사업연합회 부회장
후지와라 마키오(藤原万喜夫) · 감사	관전공(関電工) 사외감사
마츠모토 요시히코(松本芳彦) · 감사	도쿄 에네시스 사외감사

자료 : "朝日新聞" 2012년 6월 21일 작성.

금융기관의 대주(貸主)책임 또한 중대하다. 금융기관은 원전사업에 대해 물러터진 심사를 해 왔다. 채권을 방기시키는 것쯤은 일도 아닐 것이다. 파산처리를 하면 당연히 도쿄전력의 주가가 내려가겠지만, 이는 주주들이 책임을 다하게 하는 일이기도 하다.

도쿄전력에서는 종업원들의 정리해고 또한 화제가 되었다. 도쿄전력에는 근본적으로 다양한 문제가 있고, 이에 대한 개혁이 요구될 것이다. 하지만 노동자 측에 책임을 묻는 방식은 잘못되었다. 책임은 어디까지나 경영자들에게 있다. 물론 노동자들이 잘못이 없다고 할 수는 없지만 무엇보다 경영자, 주주와 대주에게 책임을 물어야 한다. 그리고 이를 완전히 이행하고 전기사업을 재편성하는 것은 정부의 역할이다. 지금까지 허용해 왔던 전력사업의 지역독점을 해체하고 민주적으로 개방된 형태의 사업으로 바꾸어 나갈 필요가 있다. 어쨌든 도쿄전력의 파산을 막는다는 등의 주장이 우선시되어 버리면 도쿄전력의 지금까지의 습성이 남아 결과적으로 방대한 비용을 국민이 부담하게 될 것이다. 정부에서 돈을 내주는 것은 관계주체가 책임을 지고 난 후에 논의되어야 한다.

지금 상태로 방치해 놓는 것은 다른 전력회사들에게도 좋지 않다. 최악의 사태가 일어나도 파산하지는 않는다는 인식이 고착되면 경영자들도 원전사고에 대해 진지하게 생각하지 않게 될 것이다. 일단 경영판단을 잘못하여 대규모 사고를 일으키면 회사의 존속이 불투명해질 정도라는 것을, 다른 전력회사의 경영자들에게 인식시킬 필요가 있다.

원전사고의 책임을 사업자에게 완전히 부담시키면 시장에서의 판단도 정상적으로 이루어지게 된다. 원전을 보유하는 것이 굉장히 위험하다는 사실을 시장에서 인식하게 되면 금융기관도 원자력발전사업에 간단히 돈을 빌려 주지 않을 것이다.

이처럼 관계주체가 책임을 지도록 해 나가는 일은 시장이 원전에 대해 올바른 인식을 갖게 하는 일에 기여한다. 경제원리에 따라서 판단하면 최근 화제가 되고 있는 '재생가능에너지인가 원전인가'와 같은, 어떤 의미로는 공중전과 같은, 결실 없는 논의도 없어질 것이다.

나는 도쿄전력의 배상에 대한 자세에도 큰 의문을 갖고 있다. 도쿄전력의 배상에 대한 자세는 자신들이 내걸고 있는 '친근·친절한 배상'이라는 말에 나타나 있다. 원래 '친절'이라는 말은 상대의 입장에 서서 무언가를 베풀 때 쓰는 말이며, 전제는 '친절'히 대하는 것은 어디까지나 제3자라는 것이다. 그러므로 '가해자(=도쿄전력)가 피해자에게 친절히 대한다'는 문장은 일본어로서 성립하지 않는다.

실제로 손해배상을 하는 과정에서 배상을 꺼리거나 지연시킨 사례가

종종 원자력 손해배상 심사회에도 보고되고 있다. 이제 가해자인 도쿄전력에게 배상창구를 맡기는 데에는 한계가 있다. 국가나 자치단체가 피해자의 입장에 서서 적극적으로 관여하는 편이 좋을 것이다. 나는 피해자의 눈에서 눈물이 나는 일은 절대로 해서는 안 된다고 생각한다. 돈은 도쿄전력이 내게 하고, 정부가 중간에서 창구 역할을 수행해야 한다.

3. 재생가능에너지로 미래를 개척한다

향후 에너지에 대해 어떻게 생각해야 할까? 원전 외에 전력을 얻을 방법이 없다면 원전을 유지해야 할지도 모른다. 하지만, 원전이 전력을 얻기 위한 유일한 방법은 아니다. 그 밖에도 전원(電源)은 존재한다.

내가 유력하다고 생각하는 것은 재생가능에너지이다. 재생가능에너지란 태양열이나 풍력과 같이 자연에 무한히 존재하며 환경부담도 적은 에너지를 말한다. 석유나 석탄, 천연가스, 우라늄은 언젠가 고갈하므로, 나중에는 어차피 재생가능에너지에 의거한 에너지 공급 시스템을 구축할 필요가 있다. 어차피 할 것이라면 빨리 이행하는 것이 현명한 처사일 것이다.

재생가능에너지의 잠재성은 막대하다. 세계의 모든 에너지를 재생가능에너지로 보충하는 일도 계산상으로는 가능하다. 일본에도 원전을 완전히 철퇴하고 그만큼을 보충할 정도는 충분히 있다.

하지만 재생가능에너지를 이용하기 위해서는 이를 위한 설비가 필요하기 때문에 바로 대량으로 이용할 수는 없다. 보급하는 데에는 일정기간이 필요하다. 현재 대책으로서는 전력이 어디에서 얼마나 부족한지에 대해 상세한 데이터를 수집하고 철저한 피크시프트와 절전을 실천해 나갈 수밖에 없다.

절전이라 해도 지진 직후에 실행된 '계획정전'과 같은 방법은 좋지 않다. 절전에 관해서는 지진을 경험하고 나서 다양한 지혜를 얻었다. 이러한 지혜와 IT 기술을 조합하면 효과적인 절전을 무리 없이 실천할 가능성이 있다. 예를 들어 시간대 요금을 세분화하여 피크시의 전기요금을 높게 설정하는 계획을 추진하는 등의 효과적인 수단을 들 수 있을 것이다. 또한 '네가와트(Negawatt) 거래시장'이라는, 간단히 말해 절전을 달성하면 이익을 얻을 수 있는 시책도 고려해 볼 수 있다.

2012년 여름이 오기 전 전력수급 상황을 검증한 수급검증위원회에 의하면 일본의 절전대책은 이제 막 시작되었다. 현명한 에너지 절약, 절전시책을 본격적으로 실시해 나갈 필요가 있다.

에너지 절약, 절전이 진행되면 필요한 에너지량이 감소하기 때문에 재생가능에너지 중심 사회로의 이행을 급속히 추진할 수 있다. 에너지 소비를 줄이면 광열비가 감소하기 때문에 '절전'에는 비용이 전혀 들지 않는 것도 포함하여 경제적으로 이득이 될 요소가 많다. 절전은 비용이 아니다. 경제를 위해 적극적으로 '절전'을 추진해야 할 것이다. 에너지 절약 사회로 이행되기 시작하면 전력수급은 급속히 개선돼 나갈 것이다.

4. 재생가능에너지를 도약시킨다

독일이나 덴마크에서 재생가능에너지를 폭발적으로 보급시킨 것은 고정가격제도이다.

이 제도는 두 가지 요소로 구성되어 있다. 첫째는 재생가능에너지로 인한 전기를 전력회사가 일정의 고정가격으로 장기간에 걸쳐 매입하도록 의무화하는 것이다. 이때 매입가격과 매입기간이 발전사업을 안정시키는 데 충분해야 한다.

다음은 재생가능에너지 발전시설의 '우선접속'(priority access)이다. 간단히 말하면 풍력발전시설 등의 발전시설을 계통(송전선망)에 우선적으로 접속시키는 일, 재생가능에너지로 인해 전기를 우선적으로 계통으로 흘려보내는 일을 의미한다.

우선접속이 필요한 이유는 발전시설이 계통에 연결되어 있지 않으면 발전해도 판매할 수가 없고, 다른 전원(電源)과 비교하여 우선시되지 않으면 판매전력량이 감소해 버리기 때문이다. 이 우선접속 규정이 없으면 재생가능에너지 사업자의 사업이 지속 불가능해질 우려가 있다.

일본의 고정가격제도는 신기하게도 지진이 일어난 당일에 법안(「電気事業者による再生可能エネルギー電気の調達に関する特別措置法案」)이 각의에서 결정되었다. 그리고 간 나오토(菅直人) 수상(당시)의 퇴진과 맞바꾸어 그 법률을 통과시켰다.

고정가격제도는 법률적으로 2012년 7월부터 시행되었다. 결정된 매입가격과 매입기간은 재생가능에너지의 보급을 후원할 만한 수준이 되었다. 단, 태양광발전의 매입가격이 높아 거품이 발생할 우려가 있을 정도이므로 한편으로는 주의가 필요하다.

하지만 정작 중요한 우선접속의 원칙은 수립되어 있지 않다. 이는 알맹이가 빠져 있는 것과 다름없다. 이 법률은 운용만 원활히 이루어지면 일본 사회를 탈바꿈시킬 기폭제가 될 수도 있다. 실시상황을 살펴 가며 적절한 개선을 거듭해 나갈 필요가 있다.

이때 독일의 경험을 참고하면 도움이 될 것이다. 독일은 이 제도를 20년도 더 전에 마련하고 재생가능에너지를 증가시켜 왔다. 단, 처음부터 성공한 것은 아니고 제도개선을 지속적으로 이루어 가면서 자연에너지의 점유율을 상승시켜 온 것이다.

'전기요금이 계속 올라가는 것은 아니냐'고 걱정하는 사람도 있을 것이다. 분명 이 제도는 한편으로는 재생가능에너지를 보조하는 것이므로 전기요금이 올라가지 않는 것은 아니다.

전기요금이 대폭 상승할지 어떨지는 제도설계의 방법에 달려 있다. 독일에서는 전기요금에서 고정가격제도의 비용이 차지하는 비율이 14%에 지나지 않는다[60]. 재생가능에너지는 현재로서는 값싼 전원이 아니며 고정가격제도 역시 만능은 아니지만, 제도를 연구해 나가면 부담을 감소시키는 일은 가능하다.

고정가격제도는 기술진보에 맞추어 매입가격을 인하해 나가고, 영구적으로 보조하는 것은 아니다. 보급확대와 더불어 발전설비의 시장가격이 내려가므로 매입가격이 인하되어 발전비용이 기존의 전원보다 내려가면 우대가격으로 매입하는 일도 없어질 것이다.

그 밖에 비용부담금액을 억제하는 방법이 있다. 지금까지 원전과 관련하여 국가 재정으로부터 매년 4,000억 엔, 재처리비용에 2,500억 엔 정도의 돈이 추가적으로 들어가고 있었다. 재처리와 원전에 대한 특별우대 조치를 중단하고 그 자금을 자연에너지에 투자하면 국민의 추가적인 부담은 그만큼 완화될 것이다.

고정가격규제는 우대조치를 계속하여 국민부담이 늘어가는 원전과

60. ドイツ連邦環境自然保護原子力省資料(Bundesministerium fur Umwelt, Naturschutz und Reaktorisicherheit, Informationen zur Kalkulation der EEG-Umlage fur das jahr 2012).

는 다른 면모를 보이고 있다. 실제로 재생가능에너지의 가격은 감소추세에 있다. 부담이 있는 것은 사실이지만 일정기간 동안만 국민이 협력하여 재생가능에너지를 중심으로 사회를 위해 투자한다고 생각하면 될 것이다.

고정가격제도가 없어질 때까지 10년, 20년이 걸릴지도 모르지만 재생가능에너지의 가격저하는 놀라울 정도이며 이러한 보조제도가 필요 없어질 시기도 의외로 빨리 도래할지 모른다. 특히 태양광발전의 가격저하는 눈부신 수준으로, 전문가들도 예상하기 힘들 정도로 매년 가격이 크게 감소하고 있다.

보급이 진행되면 가격이 낮아지고 가격이 낮아지면 보급이 진행된다. 이러한 상승효과가 나오면 재생가능에너지가 석유나 석탄, 천연가스와 어깨를 나란히 하는 '기간(基幹)전원'이 될 것이다. 물론 문제가 없는 에너지는 없다. 예를 들면 풍력에는 저주파소음 문제가 있다. 하지만 그것은 환경평가를 실시해서 인간에게 영향이 미치지 않을 범위 내에서 그치도록 적절하게 규제해 나가면 될 것이다. 재생가능에너지는 원전과 같은 억제가 불가능한 산업이 아니다. 재생가능에너지의 문제는 인간이 제어할 수 있는 범위 내에 있다. 이 점은 원전과는 크게 다른 부분이라 할 수 있다.

재생가능에너지 사업이 성립하게 되면 토착주민 또는 자치단체가 발전시설을 소유할 수 있게 된다. 지금은 '정부로부터 교부금을 받을 수 있으니까 발전소를 수용하자'는 식이지만, 자치단체나 주민단체가 '이익이 되니까 우리들의 사업으로 하자'는 식으로 바뀌는 것이다.

이는 크나큰 변화라 할 수 있다. 원전과 같은 대규모 전원을 시민이 소유하는 일은 불가능하지만 재생가능에너지를 통해 지역 주민들이 발전소를 지역의 것으로 만들 수 있는 것이다.

이렇게 되면 지역의 형태가 완전히 바뀔 것이다. 나의 고향인 후쿠이현에서는 간사이전력이 원전을 많이 건설하여 간사이지방으로 전기를 보내고 있다. 그곳에서는 지방의 주체성을 전혀 찾아볼 수 없다. 대기업이 참여하여 위험을 강요하고 에너지와 이익의 태반을 가져가고 있다. 후쿠시마도 마찬가지로 위험만을 강요당하는, 도쿄를 위한 전력공급기지였다. 이에는 도시와 지방의 적대적인 관계가 있다고 볼 수 있다.

재생가능에너지가 중심에 서면 이러한 적대관계를 협력관계로 바꿀 수 있다. 지방이 재생가능에너지로 전기를 주체적으로 생산하고 그 이익을 지방의 것으로 하면 경제적으로도 자립할 수 있게 된다. 또한 재생가능에너지 위주의 새로운 산업집적도 기대할 수 있다. 그렇게 재생가능에너지를 주축으로 지역을 재탄생시켜 나갈 수 있을 것이다.

20년 훨씬 이전부터 재생가능에너지의 보급을 기도하고 있는 독일에서는 토지이용 방식이 크게 바뀌고 있다. 방방곡곡에 풍차가 있고 휴경지였던 곳에 메가솔라가 생기고 농지가 바이오 연료 작물용으로 전환되고 있다.

이는 국가가 지방에게 강요하여 만들어진 것이 아니다. 국가가 한 것은 고정가격제도라는 틀을 설정한 것뿐이다. 그럼으로써 지역 주민들이 주머니 돈을 재생가능에너지에 투자하고, 그 돈이 지역에서 순환하게 되는 것이다. 이익이 발생하므로 지역 주민이나 농가도 생기를 띠게 될 것이다. 시스템을 바꾸면 재생가능에너지는 자발적으로 확산될 것이다.

5. 전기사업 개혁으로 계획정전도 불필요해진다

전기사업의 발본적인 개혁도 동시에 진행해야 할 것이다. 특히 지역독점의 폐지와 발전과 송전을 구분하는 발송전 분리는 절대적으로 필요하다. 원전 사고를 운운하기 전에 이번 지진으로 인해 수도권에 대규모 정전사태가 발생했으며, 앞으로는 이런 사태를 방지하기 위한 체제를 수립할 필요가 있다.

일본의 전력공급 체제에서는 전국이 9개(오키나와를 포함하면 10개)의 구역으로 분할되어 각 지역마다 1개의 독점기업이 발전, 송전, 배전, 소매를 일관해 왔다. 지금까지는 이것들이 수직 통합되어 있으므로 전력을 안정적으로 공급할 수 있다고 전력회사들은 설명했다.

하지만 이러한 체제하에서는 전력공급 체제가 세분화되어 전력회사 간의 전력 융통이 거의 이루어지지 않고 있었다. 때문에 한 번 문제가 발생하면 전력의 수급조정이 곤란해지기 마련이었다. 재해 직후에 수도권을 중심으로 발생한 '계획정전'이나 2012년 여름 전에 우려되었던 전력부족의 근본원인은 전력시장이 지역독점 체제하에서 세분화되어 있었던 데 있다.

계통이 세분화되어 있는 것은 재생가능에너지를 도입하는 데 있어서도 큰 장해가 된다. 전국적으로 봤을 때 풍력은 홋카이도나 동북지방 쪽에 많이 있다. 그럼에도 불구하고 홋카이도나 혼슈, 동북과 도쿄전력 사이의 송전용량이 제한되어 있기 때문에, 이것이 상한이 되어 풍력발전 도입이 진행되지 않게 된 것이다. 재생가능에너지를 전국적으로 보급하기 위해서는 전력회사마다 운영하고 있는 현재의 방식을 개정하여 기존의 전력회사로부터 분리 독립하여 전국을 일체적으로 효과적으로 운용할 필요가 있다.

일본은 발전사업과 송전사업과 소매가 일원화되어 있기 때문에 이해하기 힘든 이야기일 수도 있지만 외국에서는 이것들이 분리되어 있지 않다. 송전은 공적 관리를 받는다. 국영화된 형태도 있고 민영화된 형태도 있는 등 다양한 소유형태를 띠고 있지만 문제없이 기능을 수행하고 있다.

한편 발전사업도 자유화되고 새로운 회사가 자유롭게 참가할 수 있으며, 발전회사 간에 경쟁이 벌어지고 있다. 소매업 또한 자유롭다. 일본에서는 결정된 전력회사에서만 살 수 있지만, 외국에서는 그렇지 않다. 예를 들면, 일본의 전화와 똑같다. 같은 선을 사용해도 NTT로 할지 KDDI로 할지를 선택할 수 있는 것과 다름없다. 그 중에는 재생가능에너지에 의한 전기를 판매하고 있는 업자를 선택할 수 있는 경우도 있다.

송전부문은 일괄적으로 관리하고 나머지는 자유경쟁으로 해 놓는 편이 소비자가 선호하는 형태를 선택할 수 있어 가격도 저렴해진다. 이것이 세계의 조류이기도 하다.

지금까지의 전기사업 체제에 문제가 있다는 것이 확실해진 이상 전기사업의 개혁을 실행해 나가야 한다. 이 개혁이 진행되면 재생가능에너지 사업자도 조금씩 늘어날 것이다.

6. 원전이 제로가 되면 경제는 어떻게 될 것인가

원전이 제로(0)가 되면 경제에 심각한 영향을 미친다, 에너지를 안정적으로 공급할 수 없게 된다는 것이 경제단체연합회의 주장이다. 이는 정말 사실일까?

애당초 원전이 그 정도로 중요한 에너지원이었던 것일까. 분명 전기의 30% 정도가 원전에 의해 생산되고 있었으므로 기간전원의 하나인 것은 엄연한 사실이다. 하지만, 에너지를 전체적으로 봤을 때 원전은 겨우 10%에 미칠 정도의 에너지를 공급하고 있을 뿐이다. 왜냐하면 원전은 전기밖에 공급하지 못하고 전기는 에너지 공급의 약 30% 정도의 비중을 차지하는 데 불과하기 때문이다.

경제활동에는 전기 이외에도 석탄이나 석유, 천연가스 등이 쓰인다. 원전은 에너지 전체로 보면 극히 일부인 것이다. 원전 제로가 실현 불가능한 꿈이라고는 생각할 수 없다. 원전이 사라지면 모든 것이 끝이라는 주장은 과장된 것이다.

원전을 제로로 만들면 일본의 GDP는 어떻게 될까? 이는 정부의 심의회에서 발표된 각종 모델계산에서도 명확히 나타났다. 이에 의하면 원전이 원전 제로와 원전 25%일 때 GDP에 미치는 영향의 차이는 1~3%이다. 이는 연율로 환산하면 0.1% 정도에 불과하다[61].

아마 GDP에 악영향을 미친다기보다는 경제의 구조전환을 이루게 된다는 표현이 맞을 것이다. 지금까지의 중후장 대형산업에서 에너지 절약형 산업으로 경제의 중심이 이전된다고 생각하면 될 것이다.

1) 탈(脫)원전의 비용을 어떻게 볼 것인가

탈원전에는 너무 많은 비용이 든다. 이 비용을 어떻게 할 것인가, 비용이 너무 많이 들기 때문에 원전을 제로로 만들 수는 없다는 논리이다.

61. エネルギー・環境会議「経済影響分析結果一覧」(http://www.sentakushi.go.jp/database/).

중단하는 데에도 많은 돈이 든다. 이는 원자력 개발의 변화를 불허하는, 꽉 막히고 융통성이 없는 현실을 말해 주고 있다.

분명 원전은 부(負)의 재산이다. 처음부터 안전하지 않았던 원자로지만, 아직 감가상각 처리를 하지 않은 것들도 있다. 아직 사용하지 않은 핵연료도 있다. 물론 사용후 연료의 최종처분 방법도 결정되어 있지 않고 폐로에도 막대한 돈이 들어간다. 더욱이 원전은 가동시키지 않아도, 보유하고만 있어도 돈이 필요하다. 원전은 후쿠시마 사태 이후 가동할 수 없게 되어 완전한 불량자산이 되고 말았다.

원전을 제로로 하면 핵연료나 원전시설이라는 자산을 사용할 수 없게 되므로 전력회사는 손해를 보게 된다. 전력회사는 전원으로서 원전이 필요하다기보다는 자사의 손해를 피하기 위해 원전을 고수하고 있다고 말할 수 있다.

나는 원전에 과도하게 의존한 원인은 전력회사가 안정성을 무시하고 원전을 계속적으로 사용해 온 데 있다고 생각한다. 말하자면 경영실패라고 할 수 있다. 전력회사의 경영실패는 전력회사가 책임을 져야 한다.

전력회사가 국책에 기반하여 원전정책을 수행해 온 것이라는 주장은 변명에 불과하다. 실제로 전력회사나 전기사업연합회는 국가의 에너지 정책, 원자력 정책 형성에 직접적으로 관여해 왔다. 국가의 에너지 정책을 결정하는 종합자원에너지조사회나 원자력위원회를 시작으로 각종 관련위원회에는 전력회사 출신의 인물이 마치 할당되어 있는 것마냥 배치되어 중요 시책결정에 직접적으로 관여해 왔다. 또한 원자력안전규제 측면에 있어서도 전력회사는 규제되는 측에 있으면서도 규제하는 측(국가)을 컨트롤하는 '역전관계'를 구축해 왔다고 국회 사고조사보고서에서 지적했다[62].

때문에 전력회사는 국가가 시킨 대로 한 것이다, 국책에 협력해 온 것이라고 변명할 수 없다. 전력회사가 이제 와서 제3자처럼 행동할 수는 없다. 전력회사는 주체적으로 원전을 위험한 상태에서 계속해서 사용해 왔다.

일본은 자유주의 경제이므로 경영실패의 책임을 전력회사가 부담해야 한다. 채무가 초과되었다면 일반기업들과 마찬가지로 법적으로 처리해도 된다고 생각한다. 그것이 국민의 부담이 가장 적은 방법이다.

지금의 전력회사들이 사라진다고 해서 전기가 없어지는 것은 아니다. 전기사업은 새로운 회사들이 이어갈 것이므로 전기사업 그 자체가 사라지는 일은 없다. 똑같이 전기는 공급될 것이고, 국민의 생활도 노동자의 생활도 유지될 것이다.

이제 와서 전력회사만은 망하게 내버려둘 수 없다는 절대적인 원칙을 고수할 때가 아니다. 자구적인 경영노력 내지는 법적 처리가 이루어지지 않은 채 국민의 몫으로 돌리는 것은 반대로 국민의 부담을 더 크게 만드는 일이다. 이래서는 또 같은 실수를 반복하게 될 것이다.

어쨌든 국민이 지금까지 원전에 지불해 온 비용은 막대하다. 원전을 없애면 원전에 필요한 비용도 사라질 것이다. 물론 방사성 폐기물 문제는 원전을 없애도 부의 재산으로서 남겠지만, 앞으로 일어날 방사성 폐기물의 발생을 방지할 수는 있다. 이러한 점을 고려했을 때, 나는 장기적으로 보면 탈원전으로 얻을 수 있는 이익은 탈원전에 들어가는 비용보다 크다고 생각한다. 물론 사고위험도 제로가 될 것이다. 탈원전은

62. 「国会事故調査報告書」, 12P(http://www.warp.da.ndl.go.jp/info:ndljp/pid/3856371/naiic.go.jp/report/index.html).

이데올로기가 아닌, 국민경제를 위해 실시해야 하는 것이다.

2) 화석연료의 수출증가를 막을 수 있는 것은 원전뿐?

그럼에도 불구하고 화석연료 수입이 증가하고 국부가 유출되기 때문에 원전이 필요하다, 또는 에너지원의 하나로서 원전이 필요하다고 주장하는 사람들이 있다. 물론 전기사용량에는 변동이 없는 상태에서 원전을 없애고, 그만큼을 화력발전의 전기로 보충할 수 있다면 화석연료 수입이 증가할 것이다. 하지만 화석연료 수입이 증가해서 원전이 필요하다는 것은 너무 근시안적인 주장이다.

냉정하게 생각해 보자. 원전이 없으면 화석연료의 사용을 감소시킬 수 없는 것일까? 그렇지 않다. 먼저 전력수요의 측면에서 봤을 때 절전이나 에너지 절약을 실시함으로써 화석연료의 수입을 줄일 수 있다. 화석연료는 전력에만 쓰이는 것이 아니기 때문에, 전력 이외에도 에너지 절약을 본격화하면 한층 더 수입량을 줄일 수 있을 것이다.

또한 공급 측면에서 봐도 원전만이 화석연료를 사용하지 않는 에너지가 아니라는 점을 들 수 있다. 재생가능에너지에 의해서도 화석연료의 수입을 줄일 수 있다. 실제로 독일에서는 재생가능에너지가 화석연료 수입을 줄이는 효과가 있다는 평가를 받고 있다. 요는 에너지 절약과 재생가능에너지의 도입으로 원전의 발전량만큼을 보충할 수 있게 된다면 화석연료의 수입은 증가하지 않을 것이라는 점이다. 기댈 수 있는 것은 원전뿐, 원전을 잃어서는 안 된다는 주장은 잘못된 논리이다.

3) 원전이 제로가 되면 전력요금은 배가되는가?

원전을 완전히 없애면 전기요금이 2배가 될 것이다. 어떻게 감당할 것인가에 대해 2012년 9월 초에 보도된 바가 있다. 분명 화력발전으로 전환한다면 화석연료의 수입이 증가하여 전기요금이 인상될 우려가 있다.

하지만 장기적으로 어느 정도가 될 것인지는 모른다. 20년 후의 가격을 현재 시점에서 예견하는 것은 매우 어려운 일이다. 이는 어떤 경제모델을 사용해도 파악하기 어렵다.

"원전 0=전기요금 2배"라는 주장은 정부의 에너지·환경회의에서 9월 4일에 에다노 유키오(枝野幸男) 경제산업대신의 자료를 바탕으로 하고 있다. 하지만 이 회의에서 에다노 대신은 전기요금이 2배가 될 것이라고 발언하지는 않았다. 일부 보도기관이 자료를 해석해서 기사를 쓴 것 같다.

자료는 종합자원에너지조사회 기본문제위원회에서 제시한 모델계산을 근거로 하고 있다. 〈표 6-3〉을 살펴보자. 이를 보면 알 수 있듯이 모델계산에서는 분명 원전이 0이 되면 전기요금은 1.9~2.2배, 2배 내외가 된다. 하지만 이러한 전기요금의 상승은 '원전 15%의 시나리오'에

표 6-3 모델에 의한 2030년도의 전기요금(각목) 시산

	자연체	원전 제로	원전 15%	원전 25%
국립환경연구소	1.1	2.1	1.7	1.8
오사카대학 · 반(伴) 교수	1.1	1.9	1.7	1.3
케이오기주쿠대학 · 노무라(野村) 준 교수	1.3	2.2	2.0	1.8
지구환경산업기술연구기구	1.2	2.1	1.9	1.8

주 : 2010년을 월당 1만 엔으로 계산했을 경우.
자료 : 국가전략실(http://www.sentakushi.go.jp/scenario/data4.html).

서도, '원전 25%의 시나리오'에서도 똑같이 볼 수 있다. 예를 들면 '원전 15% 시나리오'를 보면 전기요금은 1.7~2배가 된다고 계산하고 있다. 즉 원전 제로 전기요금의 차이는 15% 정도이다. 달리 말해, 원전 제로로 갈 것인가, 원전을 남길 것인가로 인한 차이는 전력요금 15% 정도의 차이라는 것이다.

그렇다면, 2010년과 비교했을 때 전기요금의 절대값이 왜 2배로 올라가는 것일까? 이는 계산모델의 가정 때문이라고 할 수 있다. 재생가능에너지나 계통(송전망) 비용의 견적을 높게 잡으면 전기요금은 그만큼 상승할 것이다. 하지만 재생가능에너지의 가격은 해마다 급속히 낮아지고 있으며, 독일의 사례를 봐도 재생가능에너지의 보급비용은 전기요금의 14% 정도이기 때문에[63] 이 시산만큼 가격이 상승할 것이라고는 현재로서는 생각할 수 없다. 재생가능에너지 보급에 어느 정도의 비용이 필요해질지는 의견이 대립된다. 앞으로 상세한 검증이 필요할 것이다.

또한 계통 비용을 재생가능에너지의 비용으로 취급하는 것은 문제가 있다. 지금까지 수직 통합형의 독점 기업이었기 때문에 자사의 대규모 발전소를 위해 송전망을 우선적으로 구축해 왔다. 이 비용은 남 몰라라 하고 새로이 필요한 계통 비용을 들어 이를 재생가능에너지 비용으로 삼는 것은 앞뒤가 맞지 않는다. 오히려 계통은 장래의 전력시스템에 있어 꼭 필요한 공통의 인프라라고 생각하는 편이 맞을 것이다.

중요한 것은 전기요금은 향후의 전기사업이 어떻게 변화해 갈 것인지에 의해서도 크게 좌우될 것이라는 점이다. 전력 자유화가 진행되면 전력회사 간의 경쟁이 심화되어 전기요금이 낮아질 가능성이 있다. 전기요금이 2배가 될 것이라고 단언할 수 있는 사람은 없을 것이다. '원전

63. 각주 7 참조.

제로＝전기요금 2배'라는 보도는 오해를 불러일으킬 소지가 있는, 어쩌면 오해가 일어날 것을 의도한 표현일 수도 있다.

4) 전기요금이 인상되면 기업들은 해외로 이전하는가?

전기요금이 인상되면 기업들이 해외로 이전해 버리고 산업의 공동화(空洞化)가 일어날 것이라는 주장은 어떨까? 여기서 '기업'은 주로 제조업체일 것이다.

그렇다면 제조업에 있어 전기요금은 얼마나 중요한 요소일까? 정부의 수급검증위원회에서 발표한 수치가 있다. 이에 의하면 제조업에서 구입전력 사용금액이 생산금액에서 차지하는 비율은 1.32%이다. 이익을 목적으로 하는 기업에게 있어서는 물론 적지 않은 금액이라고 생각되지만, 전체적으로 봤을 땐 극히 일부에 지나지 않음을 알 수 있다. 만약 전기요금이 10% 올라간다고 해도, 그 비율은 1.32%에서 1.45%로 아주 조금 증가할 뿐이다. 따라서 기업의 해외이전을 촉진할 정도로 제조업 전체에 영향을 미친다고는 판단하기 힘들다.

물론 업종에 따라 구입전력 사용금액이 많기도 하다. 제조업(22%), 시멘트 제조업(7%), 철주물 제조업(5%), 아연 제1차 정련·정제업(14%)을 들 수 있다. 단, 이 전기요금들을 다 합친다고 해도 594억 엔이며, 전기를 사용할 수밖에 없는 특정 업종들에 대해서는 정책적으로 대응을 취하는 것도 불가능하지 않다.

그런데 제조업이 해외로 이전하는 이유는 무엇일까? 경제산업성의 조사에 의하면, 70% 이상의 기업들이 진출국의 수요가 크다는 점을 들고 있다. 그 외에도 일본 기업의 진출실적, 양질의 저렴한 노동력 등을 중요한 포인트로 삼고 있다[64]. 즉, 전기요금 때문에 진출한 기업은 거의 없다고 생각되며, 아마도 향후에도 큰 요인이 되지는 않을 것이다.

전기요금 때문에 해외로 진출하겠다는 기업이 있다고 해도, 그 이유는 전기요금뿐만이 아닐 것이다. 분명 현지에서의 수요와 노동력이 중요한 이유일 것이다. 전기요금이 기업에게 있어 부담이 아니라고는 말할 수 없지만 이를 이유로 해외진출이 촉진되고 있다는 것은 과장된 사실이라고 할 수 있다.

5) 원전은 싸지 않다

원전을 제로로 하면 전기요금이 올라가거나 경제에 영향을 미친다는 주장은 '가격이 저렴한 원전'을 전제로 한 이야기이다.

지금까지 원전이 사업자들의 입장에서 봤을 때 저렴했던 것은 사회적 비용을 포함하지 않았기 때문일 뿐이다. 다시 말하면 보이지 않는 보조금이 있었기 때문이다. 지금까지 아무런 고려사항도 없었던 원전사고비용을 보험으로 보충한다면 보험료는 매우 고가일 것이며 원전비용은 상승할 것이다. 원전을 이용하면 이용할수록 전기요금은 더 높이 올라갈 것이다.

제4장에서 설명한 바와 같이 사회적 비용에는 사고비용, 연구개발비용, 입지대책비용이 포함된다. 이는 모두 국민이 부담하고 있는데, 이를 전력회사가 부담하게 된다면 원전비용은 더욱 상승할 것이다.

---

64. 経済産業省「海外事業活動基本調査」(http://www.meti.go.jp/statistics/tyo/kaigaizi/index.html).

만약 원전을 앞으로도 계속 이용한다고 하면 원전을 민간사업으로 자립한 산업으로 만든 후여야만 한다. 즉 지역독점이 허락된 전력회사를 해체하고 발전, 송전, 배전, 소매를 분리하여 전력시장을 완전히 자유화한 후 원자력에 부수되는 손해배상비용, 사고수습비용, 연구개발비용, 입지대책비용을 전력회사가 스스로 부담하여 지불해야 한다.

'그건 불가능하다', '그것은 원전을 가동시키지 않는 것과 마찬가지다'라고 말하는 사람들이 있는데, 그 말은 '원전은 사실 비싸다'라고 인정하는 것과 같다. 즉 일본과 같은 시장경제체제에서 원전은 비용이 너무 많이 들고 민간사업으로서는 성립할 수 없다고 말하는 격이다. 시장에서 성립하지 않는 원전이 어떻게 경제에 도움이 된다는 것일까?

7. 우리 한 사람 한 사람이 할 수 있는 일

마지막으로 이 책의 내용을 다시 한 번 상기해 보자.

이 책에서는 '원전의 비용'이 다른 전원들에 비해 높다는 사실을 설명해 왔다. 후쿠시마 원전사태의 사고비용은 엄청난 거액이며 이제까지 상상도 못한 규모로 팽창했다. 또한 향후 사용후 연료를 재처리하는 일에는 거액의 비용이 필요하다. 원전의 비용은 계속해서 상승할 것이다. 또한 원전사고는 돈으로 환산할 수 없는 피해를 야기했다. 사고로 인해 피해자들은 장기간에 걸쳐 고통을 받고 있다.

이제부터는 원자력에서 재생가능에너지로 에너지 정책의 중심을 전략적으로 발전시켜 나가야 한다. 나는 원전 제로를 실현하고 재생가능에너지를 비약적으로 증대시키기 위해서는 에너지 정책의 양상을 근본적으로 바꿔야 한다고 생각한다.

새로운 정책을 실시하기 위해서는 원전 개발을 금전적으로 후원한 재정상의 구조를 제거하고 재생가능에너지 보급을 위한 정책으로 대체시킬 필요가 있다.

원자력은 화력이나 수력 등의 기존 전원과 비교했을 때 굉장한 우대를 받고 있으며 기술 개발비용, 입지대책비용 등에 거액의 재정자금이 쓰이고 있다. 뿐만 아니라 핵연료 리사이클을 위한 비용징수 시스템이 있으며, 그것은 이미 전기요금 안에 포함되어 있다. 이러한 금전적 구조를 유지한다면 낡고 오래된 종래의 에너지 정책이 앞으로도 계속될 것이다. 원전에 대한 자금중점 배분시스템을 없애면 그만큼 재생가능에너지를 위해 투자할 수 있다.

이상이 이 책에서 설명한 내용이다. 이는 원전으로부터 탈각하기 위한 최소 필요조건에 불과하다. 본격적인 실시를 위해서는 이해관계자들로만 의사결정을 내려 온 심의회의 구조나 정책결정 프로세스의 근본적인 개혁도 필수적인 요소이다.

이 정도로 심각한 사고가 일어난 이상 원전정책을 포함한 에너지 정책 전반을 근본적으로 개혁해 나가야 한다. 역으로 이번을 계기로 아무런 변화도 일으키지 못한다면 반영구적으로 에너지 정책에 변화를 줄 수 없게 될 것이다.

지금이야말로 편향적인 원자력 정책을 개선하여 재생가능에너지 중심의 에너지 정책으로 이전해야 할 때이다.

8. 원자력복합체의 해체는 필수

일본의 원자력 정책은 '원자력복합체'에 의해 형성되어 왔다. 제2장에서 이미 논했지만 이는 정관재노학(政官財勞學 : 정치, 관청, '관료조직', 재계, 노동조합, 학자)에 각종 언론 매체가 가세한 강력한 사회적 집단이다(표 6-4).

원자력복합체는 복잡하게 얽혀 전체를 파악하기가 매우 어렵지만 원자력복합체를 구성하는 정계, 관계, 재계, 노동계, 학계, 언론계는 돈과 권력으로 끈끈하게 연결되어 있다. 각 주체 자체를 없앨 필요는 없지만 원자력을 둘러싼 돈과 권력으로 생긴 '끈'을 없앨 필요가 있다. 이것이 원자력복합체의 해체이다.

1) 언론을 통한 여론조작

후쿠시마 원전사고 이전에 고준위 방사성 폐기물 처분장에 관한 광고가 TV를 통해 방송된 적이 있다. 나는 이러한 것을 볼 때마다 오해를 낳는 광고라는 생각이 들면서도 원자력복합체의 압도적인 힘이 놀

표 6-4 원자력복합체의 구성

정계	국회의원, 지방자치단체 단장, 지방의원 중 일부
재계	전력회사(전력 9사, 일본원자력발전), 전사연(電事連), 제조업체(도시바, 미츠비스 중공업, 니치리츠, IHI), 종합건설회사
관계	경제산업성, 자원 에너지청, 보안원, 문부과학성
노동계	전력총련(電力総連), 전력관련 조합
학계	원자력공학을 중심으로 하는 학자 및 연구자
언론계	신문, 잡지, 텔레비전, 라디오 등. 규모의 대소를 불문함

랍다.

나는 후쿠시마 원전사고 이전에 광고에 등장한 배우를 비난할 생각은 없다. 후쿠시마 원전사태와 같은 심각한 사고가 발생할 줄은 일부의 전문가들을 제외하고는 생각지도 못했으므로 사람들을 탓할 수는 없다. 앞으로는 어떤 인기배우라도, 직장인, 사회인인 이상 자신의 발언에 책임감을 가졌으면 하는 바람이다.

그럼 이전의 광고를 살펴보자. 어느 배우가 다음과 같은 이야기를 하고 있다.

일본의 전기의 3분의 1은 원자력발전

"전기가 없는 생활. 상상도 할 수 없죠?"
"아이들이게 그러한 미래가 닥치지 않도록"
"전기를 사용해 온 우리들이 해야 할 일에 대해 생각해야 합니다."
원자력발전의 연료를 리사이클하는 과정에서 나오는 고준위 방사성 폐기물. 그 안전한 처리방법으로 지층처분 실시를 위한 기획이 진행되고 있습니다.
"저는, 꼭 필요하다고 생각합니다."

(NUMO '원자력발전환경정비기구'의 광고에서)

광고의 구조에 대해 생각해 보자. 이 배우는 굉장히 친근하고 국민들에게 신뢰받고 있는 배우이기 때문에, 이런 사람이 '전기가 없는 생활'과 '원자력발전'을 접목시켜 이야기하면 일반 사람들은 말하는 내용과 이 배우를 혼동하여 이야기를 신뢰하고 만다.

이 책을 읽은 독자들이라면 이 광고가 잘못되었다는 사실을 알 수 있을 것이다.

첫째, 전기를 만드는 데 원자력이 절대적으로 필요하지 않다는 점이다.

둘째, 우리들이 전기를 사용하고 있는 것은 사실이지만, 원전과 재처리를 추진해 온 것은 '우리들'이 아니라는 점이다.

셋째, 고준위 방사성 폐기물을 발생시키는 원자력발전의 연료 리사이클은 절대적으로 필요한 것이 아니라는 점이다.

이렇게 오해를 불러일으키기 쉬운 방식을 전력회사 및 원자력 관련 단체의 광고에서도 공통적으로 취하고 있었다. 원자력발전이 지구환경 문제 해결을 위해 노력하고 있다는 선전도 해 왔다. 원자력에서는 분명 이산화탄소가 발생하지 않는다. 그렇다고 해서 친환경적인지는 별개의 문제이다. 일상적으로 방사능이 나오고 있고, 한번 대사고가 일어나면 지역의 오염에 그치지 않고 국경을 넘어 오염이 확산되기 때문이다.

더 이상 이러한 기만이 당연하다는 듯 통용되지 않도록 원자력복합체를 완전히 해체해야 한다. 원자력복합체 내부의 끈은 매우 질기며 상상 이상의 힘을 갖고 있다. 끈을 절단하고 그들을 일반 시민들의 감시하에 둘 필요가 있다.

9. 에너지 민주주의를 되찾는 일

나는 원자력의 가장 큰 문제점이 민주주의가 결여되어 있는 점이라고 생각한다.

오오이(大飯)원전 재가동 사안을 둘러싸고 노다(野田) 수상이 재가동하기로 '결단'을 내렸다. '매일신문(毎日新聞)'이 2012년 6월에 실시한 여론조사에 의하면 재가동에 대해 '서두를 필요 없다'라고 대답한 국민은 전체의 71%를 차지했다. 하지만 노다 수상은 이를 무시하고 '결단'해 버렸다.

간사이전력 오오이원전의 재가동에 대한 정부의 대응에는 몇 가지 관점에서 문제를 찾아볼 수 있다.

첫째, 오오이원전의 안전성에 대한 확인이 새로운 규제기관에 의한 기준에 맞추어서는 이루어지지 않았다.

둘째, 수상에게는 본래 안전성을 확인하거나 재가동을 결정할 권한이 없다.

셋째, 사고가 발생했을 경우 관서전력에는 사고를 수습할 능력은커녕 금전적으로 배상할 수 있다는 근거도 없다.

넷째, 지역의 동의를 얻지 않았다. 후쿠시마 원전사고 이전과 같이 입지 자치단체의 수장이 동의하면 된다는 방식은 통하지 않는다. 관서광역연합(関西広域連合)의 수장이 최종적으로 타협은 했지만 수장이 타협했다고 주민이 합의한 것으로 간주하는 것은 후쿠시마 원전사고의 교훈을 무시하는 것이다.

국민들은 이러한 치졸한 방식을 거세게 비판했다. 오오이원전 재가동 문제가 부상한 일을 계기로 매주 금요일에 수상의 관저 앞에서 대규모 항의운동이 열리고 있다. 이는 지금까지 일본 사회에 없던 새로운 움직임이다.

2012년 여름에는 정부가 국민에 대하여 '에너지·환경의 선택지'를 발표했다. 이는 2030년의 원전비율을 국민에게 묻는 것이었다. 제시된 것은 원전 제로 시나리오, 원전 15% 시나리오, 원전 20~25% 시나리오 세 가지이다.

이에 대해 국민들은 퍼블릭 코멘트라는 형태로 정부에 의견을 제출했다. 그 수는 8만 9,000여 통으로, 일본에서 퍼블릭 코멘트가 탄생한 이후 지금까지 볼 수 없었던 수치이다. 나아가 정부는 의견청취회나 토론형 여론조사라는 새로운 방법을 이용한 조사도 실시했다.

정부의 에너지·환경회의에서는 퍼블릭 코멘트에서 약 80% 이상(7만 7,000통), 의견청취회에서 70~90%, 토론형 여론조사에서 절반의 수가 원전 제로를 지지했다고 보고되었다. 원전 제로는 국민의 뜻이라고도 할 수 있을 것이다.

이를 받아들여 정부는 에너지·환경회의에서 '혁신적인 에너지·환경전략'을 책정했다. 여기에는 '2030년대에 원전가동 제로가 가능하도록 다양한 정책자원을 투입하겠다'라고 쓰여 있다.

이 전략에는 여러 가지 문제점들이 내포되어 있다. 하지만 국민의 뜻을 받들어 원전 제로로 방향을 전환한 것은 사실이다. 원자력 정책은 지금까지 개발만을 맹목적으로 해 왔기 때문에 역사적 전환점에 있다고 평가할 수 있다.

하지만 잘 생각해 보면 현실은 좀 더 앞서 가고 있음을 알 수 있다. 실제로 2012년 가을 시점에서 가동 중인 원전은 오오이원전 3, 4호기에 불과하다. 설비용량을 보면 5%이다. 이제 거의 원전 제로라고 할 수 있다. 앞으로 이를 조금만 더 밀어붙이는 일만 남았다.

이에 대해 다양한 방면에서 저항이 일어났다. 특히 경제단체연합회의 요네쿠라 히로마사(米倉弘昌) 회장은 정부에게 노골적으로 압력을 가했다. 이 압력으로 인해 '혁신적 에너지·환경전략'은 각의결정까지는 이르지 못했다. 원전 제로를 향한 길이 쉽지만은 않은 것이다.

'우리들은 무엇을 어떻게 하면 될까?'

이는 내가 이런 이야기를 할 때 '반드시'라고 해도 과언이 아닐 정도로 많이 받는 질문이다. 인생이 제각각 다르듯이 그 답은 한 가지가 아닐 것이다.

나는 이렇게 생각한다. 즉 '우리들은 무엇을 어떤 식으로 해 나가면 될까'라고 묻는 것은 우리들의 자식이나 손자, 손녀들에게서 '그 당시, 당신은 무엇을 어떻게 했습니까'라는 물음을 받는 것과 같은 것이라고.

여기서 모두 생각해 보길 바란다. 그리고 각각의 생각이나 삶에서 미래를 향한 '책임감 있는 관여'를 하길 바란다. 그곳에 최악의 원전사태를 경험한 현재의 우리들에게 남겨진 유일한 희망이 있다고 나는 믿고 있다. 심각한 원전사고가 발생했다는 사실은 변하지 않는다. 하지만 미래는 우리들의 손에 달려 있는 것이다.

참고문헌

大島健一,「再生可能エネルギーの政治経済学」, 東洋経済新報社, 2010.

大島健一・除本理史,「原発事故の被害と補償」, 大月書店, 2012.

平田仁子編,「原発も温暖化もない未来を創る」, コモンズ, 2012.

石橋克彦編,「原発を終わらせる」, 岩波新書, 2011.

實田武,「原発の経済学」, 朝日文庫, 1993.

實田武,「原子力の経済学」, 日本評論社, 1981.

實田武,「電力自由化の経済学」, 寶島社, 1993.

原子力安全委員會, "原子力施設の防災對策について", 2010.

東京電力に関する経営財務調査委員会, 委員会報告, 2011.10.3, p.127.

藤村陽, "放射性廃棄物処分の迷走", 吉岡斎編集代表」, 新通史 日本の科学技術 第1巻」, 原書房, 2011.

鈴木達治郎, "核不拡散・核軍縮問題と原子力技術", 吉岡斎編集代表,「新通史 日本の科学技 術 第1巻」, 原書房, 2011.

根本志保子, "金銭換算できない精神的苦痛の考察ー浪江町住民からの聞取調査より",「観光と公害」, 2012.

寺西俊一, "大災害後の農林水産業と地域コミゅニテイ", 寺西俊一・石田信隆編著,「再生資源経済論入門3 農林水産業の未来をひらく」, 中央経済社, 2013.

宮本憲一,「環境経済学」, 岩波書店, 1989.

總合資源エネルギー調査会電気事業分科会コスト等検討小委員会, "バックエンド事業全般にわたるコスト構造, 原子力発電全体の収益性の分析・評価", 2010.

除本理史, "原発避難者に迫る補償打ち切りー被害者の権利回復はどうなるびきか",「世界」, 2012, pp.61-69.

Jacobson, Mark Z.(2009), "Review of Solutions to Global Warming, Air Pollution, and Energy Security, " Energy and Environmental Science, No.2, pp.148-173.

Kapp, W.K. The Social Cost of Private Enterprise, Harvard University Press, 1950.

Bundesministerium für Umwelt, Naturschutz und Reaktorisicherheit, Informationen zur Kalkulation der EEG-Umlage für das Jahr 2012.

東京電力, "福島原子力事故調査報告書",2012,6.20(http://www.tepco.co.jp/cc/press/2012/1205628_1834.html).

東京電力, "福島第1原子力發電所の事故に従う大氣への放出量の推定について"(2012.5. 現在の評価), 2012.5.24(http://www.tepco.co.jp/cc/press/betu12_j/images/120524j0101.pdf).

SankeiBiz, "東京電力勝又常久会長インタービュー", 2012.6.26(http://www.sankeibiz.jp/compliance/news/120626/cpd1206260207002-n1.htm).

石橋克彦編,"原発震災ー破滅を避けるために",「科学」, 1997.10(http://www.iwanami.co.jp/kagaku/K_Ishibashi_Kagaku199710.pdf).

日本原子力産業會議,"大型原子炉の事故の理論的可能性および公衆損害額に関する試算", 1969(http://homepage3.nifty.com/h-harada/nonuke/lib/sisan/hyosi.html).

加藤修一議員についての政府参考人の答弁参照(第180会國會, 參議院豫算委員會議事錄 第16号, 2012年 4月 2日)(http://www.kokkai.ndl.go.jp/).

原子力安全委員會,"防災指針改訂に関する保安員との合意經緯(メモ), (http://www.nsc.go.jp/info/20120315_2.html).

東京電力福島原子力發電所事故調査委員會, "報告書", 2012, p.523(http://www.go.jp/pdf/naiic_honpen.pdf).

内各府原子力政策担当室, "原子力發電所の事故リスクコストの試算", 2001.11.21(http://www.aec.go.jp/jicst/NC/tyokai/hatukaku/siryo3/siryo3.pdf).

原子力防災對策本部, 政府・東京電力中長期對策會議, "東京電力(株)福島第一原子力発電所1ー4号機の廃止措置等に向けた中長期ロードマップ", 2011.12.21(http://www.kanntei.go.jp/saigai/syusoku.html).

財団法人原子力環境整備促進・資金管理センター(http://www.rwmc.or.jp/

library/pocket/radioactive_waste/1-1.html).

IEA, Statistical and Balances(http://www.iea.org/ststs/index.asp)

http://www.jco.or.jp/akahata/aik11/2011_10_09/2011100901_01_1.html

http://www.naiic.jp/blog/2012/07/06/reportdl2/

http://www.meti.go.jp/committee/summary/004657/energy.html

http://ramap.jaea.go.jp/map/agreement.html

http://www.meti.go.jp/committee/summary/004657/energy.html

http://josen.env.go.jp/progress/index.html

http://www.npu.go.jp/policy/policy09/pdf/20111007/iinsiryo01.pdf

http://www.scj.go.jp/ja/info/kohyo/pdf/kohyo-22-t-shien4.pdf

http://www.sentakushi.go.jp/database/

http://www.warp.da.ndl.go.jp/info:ndljp/pid/3856371/naicc.go.jp/report/index.html

http://www.meti.go.jp/statistics/tyo/kaigaizi/index.html

찾아보기

ㄱ

가채연수 62, 141

계통 194

고속증식로 143, 144, 146

고정가격제도 183, 184

공해병 46

국제에너지기구(IEA) 62

국제원자력기구(IAEA) 28

국제원자력사고평가지표(INES) 27, 35

ㄴ

노심용융(爐心鎔融) 32, 39

ㄷ

멜트다운(meltdown) 32, 38

모델플랜트 85

미나마타(水俣)병 46

ㅂ

백엔드 89

백엔드비용 89, 90

백엔드사업 161

베크렐 35

벤트 31
붕괴열 29

ㅅ
석유파동 56
스리마일섬 26
스리마일섬 원전사고 33
시버트 44
신속방사능 영향예측 네트워크 시스템(SPEEDI) 36
실증로 147

ㅇ
오프사이트센터(offsite center) 74
온난화대책 78, 80
원자력 84, 100
원자력기본법 57
원자력방재지침 74
원자력복합체 71, 72, 199
원자력예방지침 36
원자력위원회 57
원자력촌 71, 72
원전비용 85, 108
원전사고 26
유기수은 46

ㅈ
재생가능에너지 76, 192
재처리 63, 138, 140, 155, 158
전원개발촉진세 64, 68

정책비용 109, 110
제염 122, 124, 126
지층처분 166

ㅊ
체르노빌 26
체르노빌 원전사고 33, 34

ㅌ
탄소배출계수 79

ㅍ
프런트엔드 89
플루서멀 152
플루토늄 63

ㅎ
핵분열 연쇄반응 29
후쿠시마 26

기타

hot spot 41, 43
IAEA(국제원자력기관) 39, 117
MOX 152, 161
SPEEDI 37

저자 소개

오오시마 켄이치(大島堅一)

현) 리츠메이칸(立命館)대학 국제관계학부 교수

1967년 후쿠이현(福井県) 출생. 1992년 히토츠바시대학(一橋大学) 사회학부 졸업, 1997년 동 대학 대학원 경제학연구과 박사과정 수료. 경제학박사(一橋大学). 다카사키(高崎)경제대학 경제학부 전임강사, 조교수, 리츠메이칸대학 국제관계학부 준교수를 거치고 2008년부터 현직. 전공은 환경경제학, 환경·에너지 정책론.

2011년 후쿠시마 제1원자력발전소 사고 후, 경제산업성(経済産業省) 종합자원에너지조사회 기본문제위원회 위원, 내각관방(内閣官房)국가전략실 에너지·환경회의 비용검증위원회 위원, 동 수급검증위원회 위원 등을 맡고 있음.

주요 저서로는『再生可能エネルギーの政治経済学ーエネルギー政策のグリーン改革に向けて』(東洋経済新報社、環境経済・政策学会奨励賞受賞),『原発のコストーエネルギー転換への視点』(岩波新書, 大佛次朗論壇賞),『原発事故の被害と補償ーフクシマと「人間の復興」』(共著, 大月書店),『環境の政治経済学』(共著, ミネルヴァ書房) 등이 있다.

역자 소개

박명섭

성균관대학교 글로벌경영학과 교수

(사)한국무역학회 명예회장

영국 리버풀대학교 경제학과(Ph.D)

코베대학 경영학부 외국인연구원(Japan Foundation Fellow)

한낙현

경남대학교 무역학과 교수

일본 와세다대학 대학원(상학박사)

허윤석

제주대학교 무역학과 교수

성균관대학교 대학원 무역학과(경영학 박사)

박지문

성균관대학교 정보통신경영공동연구소 연구원

서울대학교 대학원 농경제사회학부(경제학 석사)

원전 비용의 진실

원전은 결코 저렴하지 않다

발행일 2015년 5월 15일 초판 발행
저자 오오시마 켄이치(大島堅一) | **역자** 박명섭, 한낙현, 허윤석, 박지문
발행인 홍진기 | **발행처** 아카데미프레스 | **주소** 413-756 경기도 파주시 문발동 출판정보산업단지 507-9
전화 031-947-7389 | **팩스** 031-947-7698 | **이메일** info@academypress.co.kr
웹사이트 www.academypress.co.kr | **출판등록** 2003. 6. 18 제406-2011-000131호

ISBN 978-89-97544-69-1 93300

값 15,000원

_ 역자와의 합의하에 인지첨부는 생략합니다.
_ 잘못된 책은 바꾸어 드립니다.